X
1264.
J.

12002

INVOCATION

A J. J. ROUSSEAU.

Cɪᴛᴏʏᴇɴ libre, auteur d'Émile,
Ma voix implore ton secours;
Comme toi, l'espoir d'être utile
Fera le bonheur de mes jours.

Explication du Frontispice.

L'ɪɴsᴛʀᴜᴄᴛɪᴏɴ, sous la figure d'une belle femme, présente à plusieurs enfans la table sacrée des *droits de l'homme et du citoyen*. A côté de la déesse est un faisceau, symbole de l'union; derrière ce faisceau s'élève majestueusement, un arbre de la liberté. Sur le côté est une ruche à miel, qui désigne à la fois et la diligence au travail et la douceur de la science. Dans le lointain on aperçoit le perystile du *Prytanée Français*.

DROITS
DE
L'HOMME
ET DU
CITOYEN

Bonneville invenit

J. Compagnie Sculp.

INSTRUCTION.

Pour la Jeunesse.

A, B, C,
SYLLABAIRE
NOUVEAU,

CONFORME AU PRINCIPE ADOPTÉ PAR L'INSTITUT NATIONAL;

PAR CADMUS, INSTITUTEUR.

SUIVIE DU CATÉCHISME UNIVERSEL DE SAINT-LAMBERT.

Orné d'un Frontispice, et de vingt-quatre figures d'animaux, par ordre alphabétique, gravées en taille-douce, avec leurs explications, quelques Fables de la Fontaine, Contes et Dialogues moraux.

Si, de l'éducation de vos enfans, vous n'êtes point susceptibles, c'est que vous ne les aimez point pour eux-mêmes.

HELVÉTIUS.

PRIX 60 centimes pour Paris.

On trouve à la même adresse les tableaux suivans, pour être affichés dans les Ecoles.

1°. Celui des Elémens Syllabaires, sur grand raisin, prix 15 cent.

2°. Celui des Droits de l'Homme, sur deux feuilles, gr. raisin, 30 cent.

3°. Celui des Préceptes du Catéchisme de Saint-Lambert, conformément à l'arrêté du Ministre de l'intérieur, du 19 germinal, an 7, aussi sur deux feuilles de gr. raisin, 30 cent.

A PARIS,

CHEZ F. BONNEVILLE, RUE JACQUES, n°. 195, PRÈS LA FONTAINE SEVERIN.

AN VII.

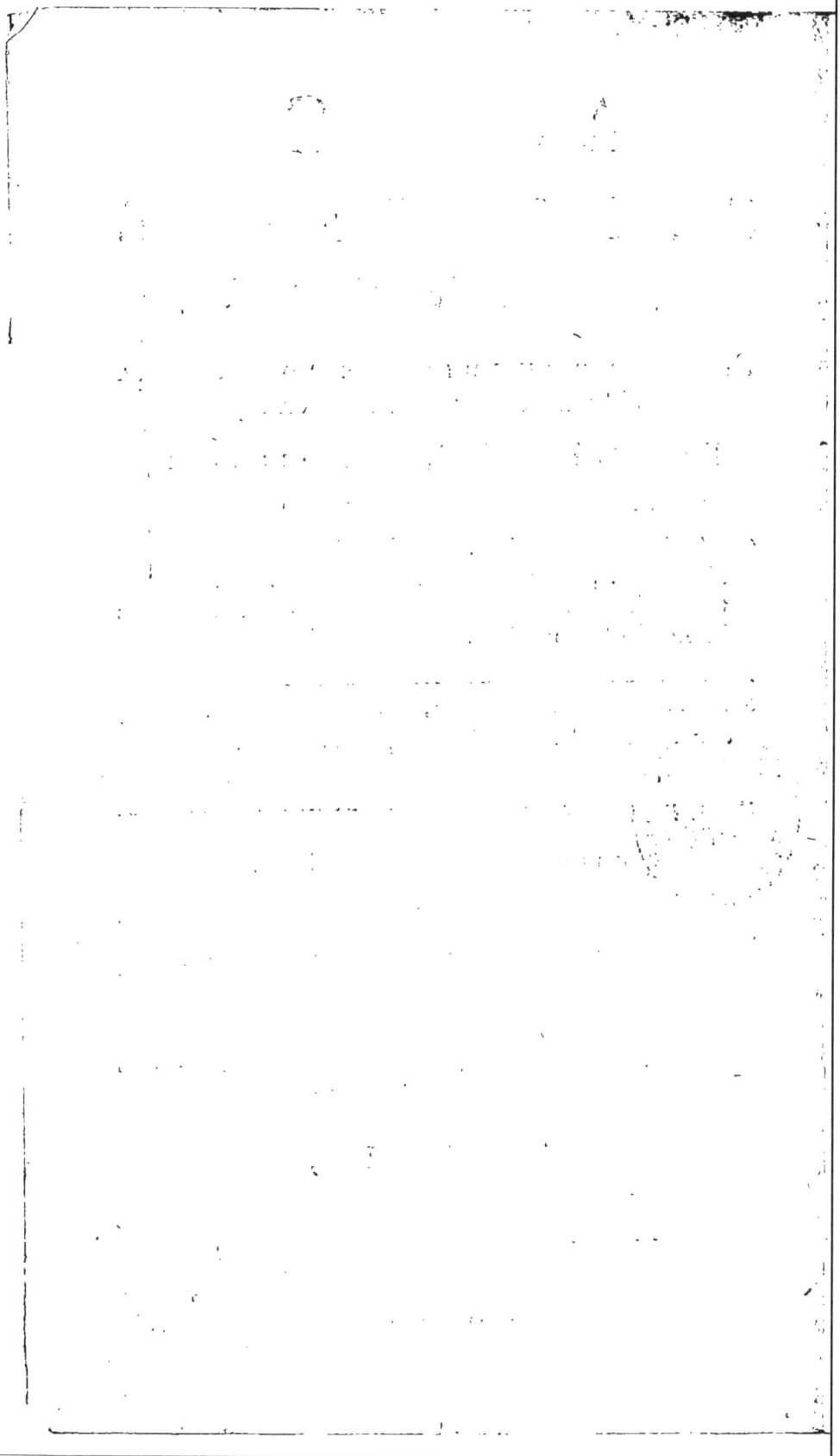

AVERTISSEMENT.

DE tous les Abécédaires et Syllabaires, le plus utile et le plus agréable pour les enfans, est sans contredit, celui qui présente à leurs yeux l'idée de quelque objet existant. Les directeurs de cette partie de l'instruction publique, ont adopté pour base *de parler aux yeux par des figures.* D'après ce plan, nous avons cru remplir les vues du Gouvernement, en publiant cet alphabet *Syllabaire.*

Nous avons choisi pour les vingt-quatre lettres de l'alphabet la figure d'un animal. Convaincus que la curiosité porteroit les enfans à chercher à connoître le nom, les habitudes, la manière de vivre, le pays de chacun d'eux. Nous avons supprimé plusieurs figures d'objets qu'ils rencontrent tous les jours, comme d'une aiguille, d'un dez, dont leur père et mère peuvent leur désigner l'utilité, l'usage, etc.; mais chaque parent n'est pas à la portée de désigner le rapport d'un animal avec l'homme; et il nous a semblé qu'on ne pouvoit faire raisonner trop tôt les enfans sur cette partie si multipliée, si étonnante de la création.

Nous avons cru ajouter un nouvel intérêt à ce petit ouvrage, en y intérercalant quelques Fables du bon Lafontaine; surtout celles qui nous ont paru devoir être apprises par coeur; laissant les commentaires à faire aux Instituteurs.

Nous ne finirons pas ce petit avertissement, sans recommander aux Instituteurs de faire lire et écrire en même-temps leurs jeunes élèves. Ces deux talens sont dépendans l'un de l'autre; il est agréable pour celui qui a donné ses soins de voir ses écoliers instruits, après quelques mois, dans ces deux parties à la fois. Les anciens montroient en même-temps à un grand nombre d'élèves, en mettant dans leurs classes des tableaux de différens caractères. Cette

A 3

méthode est nécessaire pour les progrès et la facili[té]
de l'instruction. Les Instituteurs doivent mettre d[ans]
leurs classes un alphabet sur un grand tableau[,]
même en plusieurs, mais sur la même ligne ; a[fin]
de ne pas charger la mémoire des commençans. E[n]
suite plusieurs tableaux moins grands contiendroie[nt]
les voyelles, les syllabes ; enfin quelques mots p[ris]
au hasard, afin de les faire épeler. Chacun des tablea[ux]
contenant les voyelles et les consonnes, pourro[nt]
être de divers couleurs par exemple : les voyell[es]
seroient colorées en rouge, les consonnes en bleu[,]
les consonnes à difficultés en jaune ; enfin les voyell[es]
composées, les nasales, les sons mouillés, les ma[j.]
juscules, d'une couleur quelconque, mais toujou[rs]
sur différens tableaux.

On peut aussi, au moyen d'une grande planch[e]
noire, faire faire une répétition générale, en interrogeant les élèves sur la lettre, le mot, que l'o[n]
traceroit avec un crayon blanc. Cette manière excitera
l'émulation de chaque élève.

A*a*   AI-GLE.

B*b*   BEUF.

A.   A I G L E.

Cet oiseau de proie diurne possède à un degré éminent la vue perçante, la férocité, la voracité, la force du bec et des serres. Il aime les montagnes, et fait son nid sur les rochers les plus escarpés. On voit surtout des aigles dans les pays septentrionaux, parce qu'ils y trouvent des oiseaux aquatiques faciles à prendre à cause du peu de légèreté de leur vol. On sait que l'aigle enlève des perdrix, des lièvres et même des moutons vivans.

B.   B OE U F.

Le tableau des services que le bœuf et la vache rendent à l'homme, soit pendant leur vie, en cultivant ses terres et en lui fournissant du lait; soit après leur mort, en lui servant de nourriture et en lui fournissans d'excellens cuirs, exigeraient des développemens considérables. Ceux qui les désireront peuvent consulter Buffon ou Bomare.

La Cigale et la Fourmi.

La Cigale ayant chanté
Tout l'été,
Se trouva fort dépourvue
Quand la bise fut venue.
Pas un seul petit morceau
De mouche ou de vermisseau.
Elle alla crier famine
Chez la Fourmi sa voisine,
La priant de lui prêter
Quelque grain pour subsister
Jusqu'à la saison nouvelle.
Je vous pairai, lui dit-elle,
Avant l'Oût (1), foi d'animal,
Intérêt et principal.
La Fourmi n'est pas prêteuse :
C'est-là son moindre défaut.
Que faisiez-vous au temps chaud ?
Dit-elle à cette emprunteuse.
Nuit et jour, à tout venant
Je chantois, ne vous déplaise.
Vous chantiez ? j'en suis fort aise ;
Hé bien, dansez maintenant.

(1) *Oût*, pour Août ; Il n'est peut-être pas inutile de remarquer
que c'est à cause de la mesure du vers que ce mot est écrit ici
de cette manière.

C^c CHE-VAL.

D^d DRO-MA-DAI-RE

C. CHEVAL.

Cet animal est connu de tout le monde par la beauté de sa taille, le courage, la force, la docilité de son caractère, et l'utilité infinie dont il est à l'homme. Sa domesticité est si ancienne qu'on ne trouve plus de chevaux sauvages dans toutes les parties de l'Europe. Ceux que l'on voit par troupes en Amérique sont des chevaux domestiques et européens d'origine que les Espagnols y ont transportés, et qui s'y sont multipliés.

D. DROMADAIRE.

Habite les pays tempérés de l'Asie et de l'Afrique. Cet animal diffère du chameau en ce qu'il n'a qu'une bosse, tandis que le chameau en a deux. Il peut rester jusqu'à neuf jours sans boire, en faisant cependant chaque jour vingt-cinq à trente lieues et en portant des poids énormes. On le dresse dès son enfance à se baisser et à s'acroupir lorsqu'on veut le charger.

Le Corbeau et le Renard.

MAÎTRE Corbeau sur un arbre perché,
    Tenoit en son bec un fromage.
Maître Renard, par l'odeur alléché (1),
    Lui tint à peu près ce langage.
    Hé bon jour, Monsieur du Corbeau !
Que vous êtes joli ! que vous me semblez beau !
    Sans mentir, si votre ramage
    Se rapporte à votre plumage,
Vous êtes le Phénix des hôtes de ces bois.
A ces mots, le Corbeau ne se sent pas de joie :
    Et, pour montrer sa belle voix,
Il ouvre un large bec, laisse tomber sa proie.
Le Renard s'en saisit, et dit : mon bon Monsieur,
    Apprenez que tout flatteur
    Vit aux dépens de celui qui l'écoute :
Cette leçon vaut bien un fromage sans doute.
    Le Corbeau honteux et confus.
Jura, mais un peu tard, qu'on ne l'y prendroit plus.

---

(1) *Alléché* : attiré.

« Interrogeant un jour un philosophe,
dit le poëte Saadi, je le pressois de me
dire de qui il avoit tant appris : *des aveugles,*
me répondit-il, *qui ne lèvent point le pied
sans avoir auparavant sondé avec le bâton,
le terrain sur lequel ils vont l'appuyer* »

E^e E-LÉ-PHANT.

F^f FAUCON.

E.   É L É P H A N T.

Quoiqu'il y ait beaucoup d'éléphans en Afrique, les pays chauds de l'Asie paraissent être cependant leur climat naturel. L'éléphant est le plus grand des quadrupèdes ; il a beaucoup d'instinct et de docilité : sa trompe (qui lui sert de main) est un instrument admirable : ses défenses sont ce qu'on appelle l'ivoire. Un éléphant fait mouvoir des machines et transporte des fardeaux que six chevaux ne pourraient remuer.

F.   F A U C O N.

C'est de tous les oiseaux celui dont le courage est le plus franc, et qui a le plus de force relativement à sa grandeur ; il tombe aplomb sur sa proie, du haut des nues et avec tant de vîtesse que son apparition est toujours imprévue et inévitable ; il saisit et emporte sa victime, ou il la dévore sur la place si elle est trop grosse ou trop lourde ; il est de la grosseur d'une petite poule ; il habite dans les lieux élevés, au milieu des rochers ; il se trouve en **Russie,** **en Allemagne et en France.**

Le Loup et l'Agneau.

LA raison du plus fort est toujours la meilleure ;
   Nous l'allons montrer tout à l'heure.
   Un Agneau se désaltéroit
   Dans le courant d'une onde pure.
Un Loup survient à jeun, qui cherchoit aventure ;
   Et que la faim en ces lieux attiroit.
Qui te rend si hardi de troubler mon breuvage?
   Dit cet animal plein de rage :
Tu seras châtié de ta témérité.
Sire, répond l'Agneau, que votre Majesté
   Ne se mette pas en colère,
   Mais plutôt qu'elle considère
   Que je me vas désaltérant
     Dans le courant,
   Plus de vingt pas au-dessous d'elle ;
Et que, par conséquent, en aucune façon,
   Je ne puis troubler sa boisson.
Tu la troubles, reprit cette bête cruelle :
Et je sai que de moi tu médis l'an passé.
Comment l'aurois-je fait si je n'étois pas né?
   Reprit l'Agneau ; je tète encor ma mère.
   Si ce n'est toi, c'est donc ton frère.
Je n'en ai point. C'est donc quelqu'un des tiens ;
   Car vous ne m'épargnez guère,
   Vous, vos bergers et vos chiens.
On me l'a dit : il faut que je me venge.
   Là-dessus, au fond des forêts
   Le Loup l'emporte, et puis le mange
   Sans autre forme de procès.

G^g GI-RAF-FE.

H^h HÉ-RIS-SON.

G.   G I R A F F E.

La giraffe est un des plus beaux et des plus curieux animaux que l'Afrique produise. On lui a donné le nom de caméléopard parce qu'il a quelque ressemblance avec le chameau par la forme de sa tête, par la longueur de son cou, et que sa robe ressemble à celle des léopards. La giraffe ne se trouve pas dans le nouveau continent.

H.   H É R I S S O N.

L'hérisson est un animal innocent et paisible, qui a reçu de la nature une armure défensive : lorsqu'il est attaqué, il se roule en boule et présente les armes dont son corps est hérissé. Cet animal a le sang froid et s'engourdit en hiver. Il habite les bois et les buissons; se nourrit d'insectes, de fruits et de racines ; il est répandu dans toute l'Europe, en Asie et à Madagascar.

La Mort et le Bûcheron,

Un pauvre Bûcheron tout couvert de ramée,
Sous le faix du fagot, aussi-bien que des ans,
Gémissant et courbé, marchoit à pas pésants,
Et tâchoit de gagner sa chaumine enfumée.
Enfin, n'en pouvant plus d'effort et de douleur,
Il met bas son fagot, il songe à son malheur.
Quel plaisir a-t-il eu depuis qu'il est au monde ?
En est-il un plus pauvre en la machine ronde ?
Point de pain quelquefois, et jamais de repos.
Sa femme, ses enfans, les soldats, les impôts,
    Le créancier et la corvée,
Lui font d'un malheureux la peinture achevée.
Il appelle la Mort, elle vient sans tarder :
    Lui demande ce qu'il faut faire.
    C'est, dit-il, afin de m'aider
A recharger ce bois, tu ne tardera guère.
    Le trépas vient tout guérir;
    Mais ne bougeons d'où nous sommes.
    Plutôt souffrir que mourir,
    C'est la devise des hommes.

———————————

Anaxagore, pressé par ses amis
mettre ordre à ses affaires, d'y sacri
quelques instans : ô mes amis ! leur
pond-il, vous me demandez l'impossi
Comment partager mon temps entre m
affaires et mes études, moi, qui préf
une goûte de sagesse à des tonnes
richesses ».

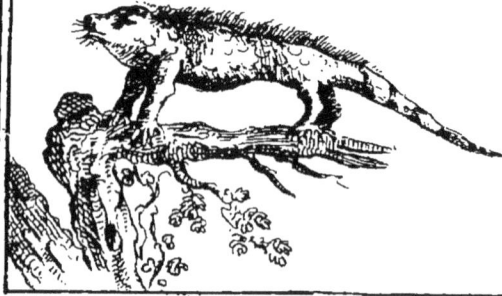

I′ I-GU-A-NE.

J′ JA-BI-RU.

I.   I G U A N E.

Espèce de lézard qui se trouve en plusieurs endroits de l'Amérique et aux Indes Orientales : on mange sa chair et ses œufs qui ne durcissent point quoiqu'on les fasse bouillir. Ce lézard ne sifle point, ne fait aucun mal. Sa peau est brune et chargée d'écailles. Un de ces lézards suffit pour rassassier quatre hommes. On les peut garder vivans pendant trois semaines, sans leur donner ni à manger ni à boire ; les femelles pondent leurs œufs à la manière des tortues.

J.   J A B I R U.

Cet oiseau est le premier des oiseaux de rivage, si on donne la primauté à la grandeur et à la force. Il habite les bords de l'Amazone et de l'Orénoque et détruit les reptiles dont ces bords sont couverts. Son bec est fort vigoureux. Son cou est gros comme le bras d'un homme. Sa chair, quoiqu'ordinairement très-sèche, n'est point mauvaise.

Le bon Fils.

La veuve Locquet languissait sur un lit de douleur et de misères ; elle touchait au moment de voir toutes ses ressources épuisées, lorsque son fils âgé de huit ans, s'avisa, pour la secourir du moyen suivant.

La nature lui avoit donné de superbes cheveux ; plusieurs fois il avait entendu la frivolité lui envier cet ornement pour en faire sa parure. Il court chez un perruquier, met lui-même un prix à ses cheveux, et rapporte à sa mère douze francs qu'il en avoit obtenus ; faible ressource qui, sans prolonger les jours de cette mère infortunée, ne fit que lui rendre plus amer l'instant qui la sépara d'un fils si cher et si sensible.

Cette belle action a fait retrouver à ce jeune orphelin un père dans un généreux défenseur de la patrie qui l'a adopté. Ce fait est rapporté dans tous les journaux du mois de pluviôse an sept.

K^k KA-MI-CHI.

L^l LI-ON.

B.R

K. KAMICHI.

Le kamichi habite les bords des grands fleuves de l'Amérique, tels que l'Amazone, la Plata, l'Orénoque, et fait la guerre aux nombreux et redoutables reptiles qui s'y trouvent. Son cri est perçant et terrible, mais ses mœurs sont douces, et on peut le regarder comme un modèle de fidélité conjugale; car le mâle et la femelle ne survivent pas l'un à l'autre.

L. LION.

Né sous le climat brûlant de l'Affrique, le lion surpasse tous les animaux en intrépidité. Seul il attaque souvent une caravane entière de voyageurs. Les menaces, les cris, les bruit des armes à feu, ses blessures, le sang qui en découle l'irritent mais ne l'effraient point. Le lion n'est pourtant pas cruel. Sa colère est noble et généreuse. Il sait garder le souvenir des bienfaits. Les lions n'habitent que les climats brûlans de l'Afrique et de l'Asie.

B

L'Ane vêtu de la peau du Lion.

De la peau du Lion l'Ane s'étant vêtu,
Etoit craint partout à la ronde;
Et bien qu'animal sans vertu,
Il faisoit trembler tout le monde.
Un petit bout d'oreille échappé par malheur,
Découvrit la fourbe et l'erreur.
Martin fit alors son office.
Ceux qui ne savoient pas la ruse et la malice,
S'étonnoient de voir que Martin
Chassât les Lions au Moulin.
Force gens font du bruit en France,
Par qui cet Apologue est rendu familier.
Un équipage cavalier
Fait les trois quarts de leur vaillance.

LES BIENS INUTILES.

Un homme acquit un beau domaine,
Bien situé, terroir gras et fécond,
Il ne falloit qu'y semer de la graine
Pour récolter abondante moisson;
Mais l'homme n'en prit pas la peine,
Il n'eut que ronce et que chardon.
Un autre avoit pour fils un beau garçon,
Si bien doué par la Nature,
Qu'il annonçoit un jeune homme parfait;
Mais on n'en eut ni soin, ni cure,
Il devint un mauvais sujet.
Rien ne profite sans culture.

Mᵐ MOU-TON.

Nⁿ NIL-GAULT.

M.   M O U T O N.

Est un animal le plus utile à l'homme, et aussi le plus multiplié. Sa douceur est si grande, qu'elle est passée en proverbe. Sans défense et sans ressource, ils sont très-timides, et ne peuvent se passer de nos secours ; et c'est pourquoi, rassemblés en troupeaux plus ou moins nombreux, ils ont toujours un chien pour les garder et les défendre, et un berger pour les surveiller, les conduire et les soigner.

N.   N I L - G A U T.

Le nil-gaut n'est ni chèvre, ni gazelle, ni cerf, ni vache ; mais il paroît tenir le milieu entre ces animaux. De la partie supérieure de la poitrine sort une touffe de poils noirs ; sur le sommet de la tête une bande de poils noirs mêlés de brun, forme une espèce de fer-à-cheval ; de naturel vif, vagabond, mais doux et facile à apprivoiser.

Il est originaire des contrées septentrionales de l'empire du Mogol.

MORALITE

Pour le cours de la vie.

Adore l'Être suprême.

Honore ton père et ta mère, afin d'être heureux sur la terre.

Sois juste et chérie ta patrie ; il est glorieux de verser son sang pour elle.

Qui est l'esclave de ses passions, ne sauroit se flatter d'être libre.

Ne fais pas à autrui, ce que tu ne voudrois pas qu'il te soit fait.

On a souvent besoin d'un plus petit que soi.

Le récit de la vérité n'a pas besoin d'ornement.

Le temps perdu ne se répare jamais.

L'oisiveté est la source de tous les maux.

Le sage entend à demi-mot, il connoit le prix de la vie.

Le désespoir est le partage des ames foible.

L'ami le plus dangereux, est celui qui nous accable de louange.

Rien n'est plus affreux que l'ingratitude.

Donner sa confiance avant que de connoître, c'est jouer à se repentir après avoir connu.

L'ennuie est le partage des ignorans.

Celui qui a de l'esprit, n'est jamais seul.

Le bien mal acquit ne profite jamais.

Tôt ou tard le crime est puni.

Les enfans, semblables aux champignons, sont agréables quand ils sont bons, et donnent la mort quand ils sont matvais.

Le bienfait reproché est un bienfait perdu.

L'adresse surpasse la force, et sans la conduite, elle devient inutile,

La sagesse tient lieu de richesse.

Celui qui perd l'honneur n'a plus rien à garder.

Aux efforts du travail, il n'est rien d'impossible.

Ce qu'on apprend au berceau, dure jusqu'au tombeau.

O° OURS.

P° PA-ON

O.   O U R S.

L'ours s'apprivoise, mais il faut le prendre jeune, autrement il conserverait son caractère farouche. Dans les bois, cet animal vit seul par indifférence pour ceux de son espèce. Parmi les hommes, le goût de la retraite a quelquefois le même motif : on se prive du secours des autres, pour être dispensé de leur en porter.

P.   P A O N.

Le paon est à la vue ce que le rossignol est à l'ouie. L'air de sa tête, la légèreté de sa taille, les couleurs de son corps, les yeux et les nuances de sa queue, l'or et l'azur dont il brille de toutes parts, cette roue qu'il promène avec pompe, cette contenance pleine de dignité ; tout en lui est remarquable. Le paon aime à se percher sur les lieux élevés. Comme l'oie, il sert de garde aux maisons où il est, car il crie ordinairement quand il voit quelqu'un.

LE BOUQUET

D'UN

PETIT ENFANT.

PETIT garçon, qui veut devenir grand,
Doit être bien gentil, docile, point gourmand;
Des soins qu'on a pour lui, doit garder la mémoire;
    Car un ingrat est un vaurien;
Lui dit-on : Fais cela! Petit enfant doit croire
    Que maman parle pour son bien!

    Mais on dit, tous les jours, qu'on ne donne pour rien
    Son or, ses bienfaits, sa tendresse;
Je sens bien cependant qu'on m'aime; on me caresse;
Et le petit enfant n'a rien en son pouvoir;
Il demande crédit, que le bon coeur attende!

    Pour une grande fête, il apporte ce soir,
Mille petits baisers, qui sont tout son avoir;
    Encor faut-il qu'on les lui rende.

« On demandoit un jour à un des plus
savans hommes de la Perse, comment il
avoit acquis tant de connoissances : *en
demandant sans peine*, répondit-il, *ce
que je ne savois pas* ».

Q^qQUA-PAC-TOL.

R^rRHI-NO-CE-ROS.

Q. QUAPACTOL.

Le quapactol, coucou du Mexique, est à-peu-près de la grandeur de notre coucou; toutes les parties supérieures, les ailes et la queue sont fauves; la gorge, le devant du coucou et la poitrine sont cendrés; le reste du dessous du corps est noir.

Le cri de cet oiseau ressemble à un éclat de rire.

R. RHINOCÉROS.

C'est le plus curieux et le plus grand de tous les quadrupèdes après l'éléphant : il habite les déserts de l'Asie et de l'Afrique, mais le rhinocéros d'Afrique a les oreilles plus petites et la corne ordinairement moins longue. Cet animal vit environ cent ans : il mange l'herbe comme le bœuf : la corne qu'il a sur le nez est pour lui une arme redoutable qui le fait respecter des autres animaux : il en perce même le ventre de l'éléphant. Les Indiens vendent cette corne fort cher : on en fait des vases précieux.

AVIS.

En faveur des petits Enfans,
Je veux gronder les Gouvernantes ;
Qui pour les rendre obéissans,
Leur font des peurs extravagantes
Et qui contentes du succès,
Les rendent peureux à jamais.

On leur fait peur du Loup-garou,
On leur fait peur de la grand-bête :
Le Dragon va sortir du trou,
Qui pour les avaler s'apprête ;
Enfin ces petits malheureux
N'ont que des monstres autour d'eux.

De là vient que quand ils sont grands
Ils ont peur par accoutumance ;
De là vient que les objets blancs
La nuit mettent leur coeur en transe,
Et qu'effrayés des moindres bruits,
Ils les prennent pour des Esprits.

L'on n'ose plus passer les nuits
Sans une escorte ou sans lumière ;
L'on voudroit être au fond du puits
Sitôt qu'il tonne ou qu'il éclaire,
Et même avec beaucoup de coeur,
On ne peut vaincre cette peur.

SERPENT.

S⁵   SER-PENT.

Tᵗ   TI-GRE.

S. S E R P E N T.

Quoique les serpens n'aient pas de pattes, ils marchent à leur manière, et assez vîte ; ils rampent, en se servant d'une partie de leur ventre comme d'un point d'appui. Leur retraite ordinaire est dans les lieux humides, sous des tas de fumier, sous des feuilles mortes, dans des trous souterrains, où ils vivent d'herbes, de mouches, d'insectes, d'araignées, de grenouilles et de souris.

Tous les serpens ne sont pas venimeux : les plus gros et les plus dangereux ne se trouvent pas en France.

***

T. T I G R E.

Le véritable tigre ne se trouve que dans les parties les plus méridionales de l'Afrique et dans les pays chauds de l'Asie. Il est plus à craindre que le lion. Il rugit à la vue de tout être vivant. Chaque objet lui paroît une nouvelle proie qu'il dévore d'avance de ses regards avides, qu'il menace par des frémissemens affreux. Heureusement son espèce n'est pas nombreuse.

C

Moralités.

Une dame d'Athènes demanda à une dame Lacédémonienne, par manière de reproche, ce qu'elle avoit apporté en dot à son mari : *La chasteté*, lui répondit-elle.

Cornélie, fille du grand Scipion, étoit dans une compagnie de dames romaines qui étaloient leurs pierreries, leurs bijoux, leurs ajustements, ce qu'on appelle en latin *mundum muliebrem*. Pour moi, dit-elle, voici mes bijoux ; elle montra ses enfans, c'est tout mon ornement, non-seulement parce que mon sang coule dans leurs veines, mais par leurs vertus naissantes, qui me font attendre d'eux qu'ils soutiendront la gloire de la patrie.

Un chimiste se vantant d'avoir trouvé le secret de faire de l'or, demandoit une récompense. On lui fit donner une grande bourse vide, disant que : *puisqu'il savoit faire de l'or, il n'avoit besoin que d'une bourse pour le contenir.*

Un jeune écolier se flattoit d'avoir beaucoup lu ; il vaudroit mieux avoir beaucoup retenu, répondit son maître.

U.V^v VAU-TOUR.

X^v XO-CHI-TOL.

V.   VAUTOUR.

Cet oiseau, dont il y a plusieurs espèces a un plumage assez brillant, mais il est de la classe de ces oiseaux qui n'ont que l'instinct de la basse gourmandise et de la voracité; qui sont attirés par l'odeur des cadavres, et ne combattent les vivans que quand ils ne peuvent s'assouvir sur les morts. Le vautour est parmi les oiseaux, ce qu'est le tigre parmi les quadrupèdes.

X.   XOCHITOL.

Cet oiseau habite la nouvelle Espagne; il ressemble assez à l'étourneau; il a le dos, le cou et le croupion noirs; le dessous du corps et la queue d'un jaune de saffran, mêlé d'un peu de noir, les ailes sont variées de noir et de blanc.

Moralités.

Cratés philosophe grec, disciple de Diogène, déposa entre les mains d'un banquier son argent, avec ordre de le remettre à ses enfans au cas qu'ils fussent fous, *car,* dit-il, *s'ils sont philosophes ils n'en auront pas besoin.*

Aussitôt après la bataille de Marathon, gagnée par les Grecs sur les Perses, un soldat athénien, tout fumant du sang des ennemis, se détacha de l'armée, et courut de toutes ses forces à Athènes, pour porter à ses concitoyens l'heureuse nouvelle de la victoire. Quand il fut arrivé à la maison des magistrats, il ne leur dit que ces paroles : *Réjouissez-vous, nous sommes vainqueurs,* et tomba mort à leurs pieds.

Rien n'est plus propre à confondre ceux qui tirent vanité de leur naissance, que de leur dire, que le premier homme dont nous sommes tous descendus, étoit fils de la terre et petit fils de rien.

Ce qu'il importe à connoître en entrant dans le monde, est de se bien connoître.

Y^y YAR-QUE.

Z^z ZE-BRE.

Y.   Y A R Q U E.

Cette espèce de singe a beaucoup de conformité avec l'homme du côté de l'organisation phisique. Il se trouve en Afrique et
aux Indes Orientales. Les Indiens lui ont
donné le nom d'homme sauvage. Cependant
la ressemblance de la forme, la conformité
de l'organisation ni ne le raprochent de la
nature de l'homme ni même ne l'élèvent
au-dessus de celle des animaux.

Z.   Z È B R E.

Le zèbre, ou l'âne sauvage est rayé, a
la figure et les graces du cheval et la légéreté
du cerf. Il ne se trouve que dans les parties
les plus orientales, et les plus méridionales
de l'Afrique, depuis l'Ethiopie jusqu'au cap
de Bonne-Espérance, et delà jusqu'au Congo.
Le zèbre quoique d'un naturel doux est difficile à apprivoiser.

Moralités.

Atticus, fils d'un illustre Athénien, étoit un prodige d'ignorance, il ne put jamais apprendre que son alphabet, encore fallut-il pour cela que son père lui donnât 24 serviteurs qui avoient chacun une lettre différente peinte sur l'estomac : à force de les voir et les appeler, il sut son alphabet.

Les calomniateurs sont pis que les ingrats ;
L'ingrat retire au moins, quelque fruit de son crime ;
Mai toi, de mes amis, en m'arrachant l'estime,
Tu me rends vraiment pauvre et ne t'enchéris pas.

Eh ! qui donne à la rose une haleine si pure ?
Au saule sa fraîcheur et sa douce verdure ?
Il a peuplé les Cieux, et la Terre, et les Mers,
Et sur l'œil de l'insecte il a peint l'Univers.

Ne sais-tu pas encore, homme foible et superbe,
Que l'insecte insensible, enseveli sous l'herbe,
Et l'Aigle impérieux, qui plane au haut du ciel,
Rentrent dans le néant aux yeux de l'Eternel ?

SYLLABAIRE SIMPLIFIÉ.

PREMIÈRE LEÇON.

Voyelles.

a, e, é, è, ê, i, y, o, u.

L'INSTITUTEUR aura soin, 1°. de faire prononcer *e*, comme dans *homme* ; *é*, comme dans *café* ; *è*, comme dans *père* ; *ê*, comme dans *conquête* ; et *y*, qu'on appelle *i* grec, comme *i*.

2°. Il exigera que le jeune lecteur connoisse parfaitement les voyelles et les accents, d'après une indication faite au hasard dans ce livre, ou sur la planche noire, et qu'il distingue la nature des *e* dans tous les mots qui en renferment.

D. Combien y a-t-il de voyelles ?

R. Cinq : *a, e, i* ou *y, o, u.* Toutes les autres lettres s'appellent consonnes.

D. Combien y a-t-il de sortes d'*e* ?

R. De quatre sortes : L'*e* muet, comme dans *rose* ; l'*e* fermé, comme dans *café* ; l'*e* ouvert, comme dans *zèle* ; l'*è* moyen, comme dans *modèle*.

D. Combien y a-t-il d'accents ?

R. Trois : L'accent aigu (´), l'accent grave (`), l'accent circonflexe (ˆ).

C 4

DEUXIÈME LEÇON.

Consonnes sans difficultés.

m b p,

v f ph,

n d,

l,

z r j.

1°. L'enfant prononcera *me, be, pe, ve, fe, fe, de, ne, le, ze, re, je.*

2°. *ph* se nomme *f* grec.

3°. L'enfant doit connoître ces douze con-sonnes indiquées au hasard, comme nous l'avons dit des voyelles, et cette loi sera scrupuleusement suivie pour tous les élé-ments de nos syllabes.

TROISIÈME LEÇON.

Assemblage des voyelles et des consonnes sans difficultés.

Les voyelles et ces douze consonnes une fois bien connues, lorsque l'enfant ne se trompera jamais en les voyant, exercez-le à l'assemblage de ces lettres dans un livre quelconque, ou sur la planche noire, et proposez-lui des mots où il n'y ait que les élémens simples qu'il connoît, tels que ceux-ci :

LECTURE.

ab-bé far-dé	abbé fardé
a-me vé-na-le	ame vénale
a-mi fi-dè-le	ami fidèle
jo-li-e a-ne-mo-ne	jolie anemone
a-ni-mal bi-pè-de	animal bipède
ar-mé-e na-va-le	armée navale
u-ne mi-ne d'a-zur	une mine d'azur
u-ne bar-re d'or	une barre d'or
é-pi de blé	épi de blé
jo-li-e bro-de-ri-e	jolie broderie
bor-du-re d'é-bè-ne	bordure d'ébène
fa-ble mo-ra-le	fable morale
de la fa-ri-ne fi-ne	de la farine fine
du fil dé-vi-dé	du fil dévidé
du fi-lé d'or	du filé d'or
u-ne fi-na-le brè-ve	une finale brève
u-ne fo-li-e du-ra-ble	une folie durable
de-ve-nir fol-le	devenir folle
u-ne for-me o-va le	une forme ovale
u-ne i-dé-e fri-vo-le	une idée frivole
i-do-le a-do-ré-e	idole adorée
î-le a-bor-da-ble	île abordable
i-ro-ni-e a-mè-re	ironie amère
mal ir-ré-pa-ra-ble	mal irréparable
jo-li-e jar-di-niè-re	jolie jardinière
a-ni-mal la-ni-fè-re	animal lanifère
a-me li-bé-ra-le	ame libérale
vi-vre li-bre	vivre libre
ra-ble de liè-vre	rable de lièvre
po-lir u-ne li-me	polir une lime
de la li-mu-re fi-ne	de la limure fine
u-ne de-mi-li-vre	une demi-livre
u-ne lu-miè-re vi-ve	une lumière vive
li-re à la lu-ne	lire à la lune
le re-mè-de du ma-la-de	le remède du malade
u-ne mo-de bi-zar-re	une mode bizarre
mo-ra-le dé-pra-vé-e	morale dépravée

u-ne nap-pe fi-ne	une nappe fine
na-vi-re armé	navire armé
u-ne ri-me fé-mi ni-ne	une rime féminine
u-ne ri-viè-re ra-pi-de	une rivière rapide
u-ne jo li-e ro be	une jolie robe
u-ne pru-ne di-a-pré-e	une prune diaprée
phé-no-mè-ne ra-re	phénomène rare
du jo li por-phy-re	du joli porphyre
zé-phyr fa vo ra-ble	zéphyr favorable
u-ne fiè-vre é-phé-mè-re	une fièvre éphémère
li-re u-ne é-pi-gra-phe	lire une épigraphe
ri-re d'u-ne ca-co-pho ni-e	rire d'une cacophonie

il a la pa-ro-le ru-de
il a la parole rude
le mur-mu-re du zé-phyr
le murmure du zéphyr
le li-vre dé-di-é à jé-ro-me
le livre dédié à jérome
il pé-ri-ra par l'é-pé-e
il périra par l'épée
il lui par-le de sa ma-la-di e
il lui parle de sa maladie
la vil-le a pré-ve-nu la fa-mi-ne
la ville a prévenu la famine
je me mê-le de pré-di-re l'à-ve-nir
je me mêle de prédire l'avénir
le frè-re pré-pa-re le dî-né de l'a-mi
le frère prépare le dîné de l'ami
il a lu le li-vre de jé-ré-mi-e à la lu-ne
il a lu le livre de jérémie à la lune
la bra-ve ar-mé-e va re-ve-nir
la brave armée va revenir

QUATRIÈME LEÇON.

e sonore sans accent.

Voici une observation importante : Il est des e sans accent qui ne sont pas muets,

comme on le voit dans *objet*, *vertu*, *etc.*
Il faut donc que l'enfant sache que l'*e* sans
accent suivi d'une consonne finale ou de
deux consonnes autres que *l* ou *r*, est
sonore, c'est-à-dire, qu'il se prononce fermé,
ouvert ou moyen.

Le *s* final n'empêche pas l'*e* d'être muet ;
on dit pourtant :

mes ,		mès ,
tes ,		tès ,
ses ,		sès ,
ces ,	*comme s'il y avoit*	cès ,
les ,		lès ,
des ,		dès ,
tu es.		tu ès.

D. L'*e* sans accent, et suivi d'une consonne finale, comment se prononce-t-il ?

R. Tantôt fermé, tantôt ouvert, tantôt
moyen.

D. L'*e* sans accent, et suivi de deux
consonnes, comment se prononce-t-il ?

R. Ouvert ou moyen.

D'après ces règles, lisons :

LECTURE.

fiel a-mer	fiel amer
li-vre per-du	livre perdu
bel-le mè-re	belle mère
de la pier-re du-re	de la pierre dure
le jo-li mer-le	le joli merle

li-vre fer-mé	livre fermé
du ver-re do-ré	du verre doré
u-ne bel-le ru-el-le	une belle ruelle
pa-ro-le for-mel-le	parole formelle
u-ne fi-o-le de ver-re	une fiole de verre
u-ne per-le fi-ne	une perle fine
la bel-le ba-li-ver-ne	la belle baliverne

CINQUIÈME LEÇON.

Consonnes à difficultés.

c, k, q, qu,

g, g^u,

h,

s, sc, ç,

t, th,

x,

ch,

gn.

Je n'ai pas mis ces consonnes à la suite
des autres, parce qu'elles présentent des
difficultés. Je ne parlerai d'abord que de
celles qui sont à la portée des jeunes lecteurs.

L'enfant donnera à c, k, q, qu, le son
de ke; à g, gu, gh, celui de figue; à s, sc,
ç, celui de se; à t, th, celui de te; à x,
celui de cse; à ch, gn, celui qui se fait
sentir dans chair et agneau.

D. c devant l'e et l'i, comment se prononce-t-il?

R. se.

D. g devant l'*e* et l'*i*, comment se prononce-t-il?

R. je.

D. Combien y a-t-il de sortes de *h?*

R. De deux sortes : l'un aspiré, comme dans *héros*; l'autre nul, comme dans *honneur.* Cette lettre ne s'articule pas, seulement elle marque l'aspiration dans les mots qu'on trouvera page 57.

D. s entre deux voyelles comment se prononce-t-il?

R. ze.

D. Comment se prononce *x?*

R. Tantôt *cse*, tantôt *gze.*

D. L'*e* sans accent devant *x*, comment se prononce-t-il?

R. è moyen.

Lisons maintenant des mots analogues à cette leçon.

LECTURE.

du ca-fé mo-ka	du café moka
car-ros-se de re-mi-se	carrosse de remise
ca-ra-fe de cris-tal	carafe de cristal
cas-ca-de na-tu-rel-le	cascade naturelle
le ka-li se brû-le	le kali se brûle
al-co-ve ta-pis-sé-e	alcove tapissée
u-ne ca-ba-ne obs-cu-re	une cabane obscure
co-car-de tri-co-lo-re	cocarde tricolore
é-cor-ce de co-co	écorce de coco
u-ne cu-re dif-fi-ci-le	une cure difficile
u-ne cu-vet-te d'or	une cuvette d'or
ce ca-nal est à sec	ce canal est à sec
de la ci-re vier-ge	de la cire vierge

la fo-li-e du sa-cer-doce	la folie du sacerdoce
vi-sa-ge co-mi-que	visage comique
ca-pi-ta-le as-sié-gé e	capitale assiégée
che-val de ba-ga-ge	cheval de bagage
la chè-vre é-ga-ré-e	la chèvre égarée
ga-ge de sa fi-dé-lité	gage de sa fidélité
vi-vre à go-go	vivre à gogo
par-ve-nir à l'â-ge vi-ril	parvenir à l'âge viril
il se jet-te à la na-ge	il se jette à la nage
gi-ber-ne gar-ni-e	giberne garnie
gi-got à la bro-che	gigot à la broche
ha-bit à la mo-de	habit à la mode
hi-ver hu-mi-de	hiver humide
l'hor-lo-ge re-tar-de	l'horloge retarde
l'hu-mi-di-té de la ter-re	l'humidité de la terre
u-ne tas-se de thé	une tasse de thé
dis-si-per u-ne ca-ba-le	dissiper une cabale
si-gne re-mar-qua-ble	signe remarquable
u-ne plu-me de cy-gne	une plume de cygne
l'é-tu-de de la sa-ges-se	l'étude de la sagesse
sa-liè-re de cris-tal	salière de cristal
es-prit a-gré-a-ble	esprit agréable
u-ne as-siet-te de terre	une assiette de terre
as-si-du à sa so-ci é-té	assidu à sa société
l'ar-se-nal de ve-ni-se	l'arsenal de venise
ca-mi-so-le de ra-ti-ne	camisole de ratine
fa-ça-de de l'é-gli-se	façade de l'église
ger-çu-re à u-ne lè-vre	gerçure à une lèvre
cu-ri-o-si-té ra-re	curiosité rare
le va-se d'ar-gi-le	le vase d'argile
sai-si-e mo-bi-li-è-re	saisie mobilière
u-ne jo-li-e scè-ne	une jolie scène
scep-tre de fer	sceptre de fer
coq à l'â-ne	coq-à-l'âne
at-ta-quer u-ne pla-ce	attaquer une place
u-ne pe-ti-te ar-ca-de	une petite arcade
ba-guet-te d'ar-que-bu-se	baguette d'arquebuse
mar-que de gra-ti tu-de	marque de gratitude
u-ne let-tre go-thi-que	une lettre gothique
ar-ti-fice dé-tes-table	artifice détestable

ʊ u-ne bel-le at-ti-tu-de	une belle attitude
ʊ u-ne ves-te bro-dé-e	une veste brodée
ʊ u-ne sta-tu-e de mar-bre	une statue de marbre
lɪ thê-me dif-fi-ci-le	thême difficile
dɪ th-éo-lo-gi-e ab-sur-de	théologie absurde
m ma-tiè-re thé-o-ri-que	matière théorique
ɔɪ jo-li ther-mo-mètre	joli thermomètre
dɪ thè-se gé-né-ra-le	thèse générale
sɪ l'a-xe de la ter-re	l'axe de la terre
a-xi-o-me de phi-lo-so-phi-e	axiome de philosophie
sq pa-ra-do-xe	paradoxe
əq per-ple-xi-té	perplexité
lɪ il fi-xe u-ne vo-la-ge	il fixe une volage
ɘe xer-ci-ce mo-dé-ré	exercice modéré
ɪse-xil ho-no-ra-ble	exil honorable
xɘ ex-cu-se va-la-ble	excuse valable
nq pru-ne ex-qui-se	prune exquise
ɪm mi-sè-re ex-trê-me	misère extrême
se-xor-dé a-bré-gé	exorde abrégé
lɘ cet-te det-te est e-xi-gi-ble	cette dette est exigible
əcɘ che-val ga-lo-pe	ce cheval galope
sɘ ca-ge de fil d'ar-chal	cage de fil d'archal
ɪm ne ca-lè-che lé-gè-re	une calèche légère
ʊɪ du fro-ma-ge de ché-vre	du fromage de chèvre
ɪs l'ar-che de no-é	l'arche de noé
ɪ ne bû-che de chê-ne	une bûche de chêne
ɪd char-me i-né-vi-ta-ble	charme inévitable
ɘe rè-gne a-ni-mal	le règne animal
ɘe rè-gne vé-gé-tal	le règne végétal
ɪɘe rè-gne mi-né-ral	le règne minéral
ɪ li-gne pa-ral-lè-le	ligne parallèle
ɪɪ gui-gne su-cré-e	guigne sucrée
sɔa-gue ma-gni-fi-que	bague magnifique
ɔɪɔ mé-di-e es-pa-gno-le	comédie espagnole

l'a-si-lé du pa-tri-o-te per-sé-cu-té
l'asile du patriote persécuté
el-le a bro-dé cet-te ves-te à la mo-de
elle a brodé cette veste à la mode
il a des-si-né u-ne sta-tu-e de marbre
il a dessiné une statue de marbre

el-le pos-sè-de de la bel-le mu-si-que
elle possède de la belle musique
co-lo-nel-gé-né-ral de la ca-va-le-ri-e
colonel-général de la cavalerie
su-cer u-ne é-cre-vis-se de mer
sucer une écrevisse de mer
l'é-tu-de de la gé-o-gra-phi-e est u-ti-le
l'étude de la géographie est utile
vi-ve la ré-pu-bli-que u-ni-ver-sel-le
vive la république universelle
il se mo-que du ca-pri-ce de la for-tu-ne
il se moque du caprice de la fortune.

SIXIÈME LEÇON.

Voyelles composées.

ai, ei, ey, eai, oi, eoi, oien.

au, eau.

eu, œu.

ou.

L'enfant prononcera *ai*, *ei*, *etc.* comme *è*; *au*, *eau*, comme *ô*; *eu*, *oeu*, comme dans *jeu*; *ou*, comme dans *mou*.

N. B. oi et *eoi* se prononcent tantôt *è*, tantôt *oa*. Dans ce dernier cas, *oi* est une diphthongue, c'est-à-dire, une syllabe avec deux sons.

Les maîtres auront soin de faire lire ici et sur la planche noire, les mots suivans:

LECTURE.

je vais à vo-tre ai-de   je vais à votre aide
l'ai-gle noir   l'aigle noir
u-ne ai-le d'oi-seau   une aile d'oiseau

ai-re

ai-re à bat-tre le blé	aire à battre le blé
è-re ré-pu-bli-cai-ne	ère républicaine
u-ne ru-de hai-re	une rude haire
le pau-vre hè-re	le pauvre hère
mau-vai-se ha-lei-ne	mauvaise haleine
a-lê-ne à cou-dre le cuir	alène à coudre le cuir
il a vu vol-tai-re à Fer-ney	il a vu voltaire à Ferney
au geai bi-gar-ré	au geai bigarré
j'ai mal au ge-nou	j'ai mal au genou
le jais est noir	le jais est noir
cal-cu-ler au jet ou à la plu-me	calculer au jet ou à la plume
la foi-bles-se de croi-re	la foiblesse de croire
a-voir u-ne foi-ble mé-moire	avoir une foible mémoire
ce-la pa-roî-tra beau	cela paroîtra beau
il na-geoit à fleur d'eau	il nageoit à fleur d'eau
ils ai-moient à dor-mir	ils aimoient à dormir
il par-loit à sa mè-re	il parloit à sa mère
la gau-fre ou le gâteau	la gaufre ou le gâteau
u-ne oi-e sau-vage	une oie sauvage
il sau-va l'é-qui-pa-ge	il sauva l'équipage
le beau cor-beau	le beau corbeau
u-ne peau de cou-leu-vre	une peau de couleuvre
ver-tu-eux et pauvre	vertueux et pauvre
beau cha-peau bor-dé	beau chapeau bordé
ca-pi-tai-ne de vais-seau	capitaine de vaisseau
cet œuf est au mi-roir	cet oeuf est au miroir
à beau jeu beau re-tour	à beau jeu beau retour
peu-ple a-ma-dou-é	peuple amadoué
vœu nou-veau à fai-re	vœu nouveau à faire
ma-nœu-vre dé-jou-é-e	manœuvre déjouée
la joi-e di-la-te le coeur	la joie dilate le coeur
vrai bou-te-feu	vrai boute-feu
sou-cou-pe de por-ce-lai-ne	soucoupe de porcelaine
il vou-loit a-voir ce jou-jou	il vouloit avoir ce joujou
é-cou-ter à la por-te	écouter à la porte
leur ou-vra ge est au jour	leur ouvrage est au jour
vi-vre au jour la jour-né-e	vivre au jour la journée
ou-vrir sa bour-se au pau-vre	ouvrir sa bourse au pauvre
é-cou-te le cou-cou	écoute le coucou

D

il goû-te u-ne poi-re cui-te à la brai-se
il goûte une poire cuite à la braise.
se ré-ga-ler a-vec u-ne châ-tai-gne rô-ti-e
se régaler avec une châtaigne rôtie
il est al-lé voir u-ne bel-le po-lo-noi-se
Il est al-lé voir une belle polonoise
Il par-ta-geoit u-ne pê-che a-vec sa dou-ce moi-tié
il partageoit une pêche avec sa douce moitié
tour-ner au-tour du cou-vre-feu
tourner autour du couvre-feu
l'é-clair pré-cè-de tou-jours la fou-dre
l'éclair précède toujours la foudre
cou-rir tout au-tour de la cour du lou-vre
courir tout autour de la cour du louvre
la ma-noeu-vre du vais-seau sau-va l'é-qui-pa-ge
la manoeuvre du vaisseau sauva l'équipage
chat é-chau-dé a peur de l'eau froi-de
chat échaudé a peur de l'eau froide.
u-ne bel-le pa-ro-le est u ti-le et coû-te peu
une belle parole est utile et coûte peu.

D. N'y-a-t-il pas un signe orthographique
qui fait prononcer les voyelles séparément ?

R. Oui ; c'est le tréma, qu'on figure
ainsi (¨)

L E C T U R E.

el-le a l'air na-if	elle a l'air naïf
u-ne dou-leur ai-gu-ë	une douleur aiguë
so-cra-te a-va-la de la ci-gu-ë	socrate avala de la ciguë
c'est u-ne hé-ro-ï-ne	c'est une héroïne
u-ne hé-ro-ï-que va-leur	une héroïque valeur
a-ïeul pa-ter-nel	aïeul paternel
zo-ï-le, cri-ti-que d'ho-mère	zoïle, critique d'homère
la loi ju-da-ï-que	la loi judaïque
é-go-ïs-te mé-pri-sa-ble	égoïste méprisable

u-ne bel-le mo-sa-ï-que	une belle mosaïque
ha-ïr le vi-ce	haïr le vice
ter-me pro-sa-ï-que	terme prosaïque
ga-ïac, ar-bre d'a-mé-ri-que	gaïac, arbre d'amérique
la nou-vel-le hé-lo-ï-se	la nouvelle héloïse
na-ïa-de, di-vi-ni-té fa-bu-leu-se	naïade, divinité fabuleuse
voi-là du beau ca-ma-ïeu	voilà du beau camaïeu

SEPTIÈME LEÇON.

Nasales.

am, an, em, en, ean,

aim, ain, eim, ein, im, ym, in,

ien,

oin, ouin, } *diphtongues nasales.*

om, on, eon,

um, un, eun,

L'enfant prononcera *am, an, etc.* comme dans *amande*; *aim, ain, etc.* comme dans *bain*; *ien,* comme dans *bien*; *oin, ouin,* comme dans *soin*; *om, on,* comme dans *melon*; *um, un, etc.* comme dans *parfum*.

D. Quest-ce qu'une nasale?

R. Un son qui résonne un peu dans le nez, et qui se termine par *m* ou *n*.

LECTURE.

u-ne a-mande dou-ce	une amande douce
im-po-ser u-ne a-men-de	imposer une amende
ca-dran ho-ri-zon-tal	cadran horizontal
é-lé-phant in-tel-li-gent	éléphant intelligent
fram-boi-se dé-li-ci-eu-se	framboise délicieuse

am-bas-sa-de im-por-tan-te ambassade importante
com-po-ser un em-blê-me composer un emblême
on le rc-con-noît à l'em-prein-te on le reconnoît à l'empreinte
rom-pre un en-chan-te-ment rompre un enchantement
en-gaen-ce im-por-tu-ne engeance importune
al-lé-gaen-ce in-sen-si-ble allégeance insensible
per-son-ne en-ga-gean-te personne engageante
vî-te com-me un daim vîte comme un daim
il a u-ne faim ca-ni-ne il a une faim canine
re-frain d'u-ne chan-son refrain d'une chanson
pain fait a-vec du le-vain pain fait avec du levain
jeu de main jeu de vi-lain jeu de main jeu de vilain
la fein-te lui a ré-us-si la feinte lui a réussi
pren-dre un bain de vin prendre un bain de vin
u-ne ves-te de sa-tin une veste de satin
un cein-tu-ron d'é-pé-e un ceinturon d'épée
ê-tre ceint d'un sa-bre être ceint d'un sabre
il a le cœur sain il a le cœur sain
quel saint hom-me ! quel saint homme !
el-le a un beau sein elle a un beau sein
im-pé-ni-ten-ce fi-na-le impénitence finale
des-sein im-pé-né-tra-ble dessein impénétrable
af-fai-re im-por-tan-te affaire importante
sym-pho-ni-e ex-cel-len-te symphonie excellente
gran-de sym-pa-thi-e grande sympathie
un chien ma-rin un chien marin
un bon co-mé-dien un bon comédien
mon an-cien a-mi mon ancien ami
il a man-gé son foin il a mangé son foin
quel-qu'un en a soin quelqu'un en a soin
un vi-lain ba-bouin un vilain babouin
un bon mar-souin un bon marsouin
la bom-be tom-be la bombe tombe
com-pé-ten-ce ad-mis-si-ble compétence admissible
com-bi-nai-son in-fi-ni-e combinaison infinie
vil-le en com-bus-ti-on ville en combustion
il a man-gé son pi-geon il a mangé son pigeon
un dra-geon de vi-gne un drageon de vigne
un bour-geon d'ar-bre un bourgeon d'arbre
un bon es-tur-geon un bon esturgeon

un pi-geon-neau rô-ti   un pigeonneau rôti
un par-fum a-gré-a-ble   un parfum agréable
u-ne' hum-ble re-quê-te   une humble requête
un che-min com-mun   un chemin commun
un bruit im-por-tun   un bruit importun
tri-bun du peu-ple   tribun du peuple
je suis en-core à jeûn   je suis encore à jeûn

man-ger u-ne fram-boi-se dé-li-ci-eu-se
manger une framboise délicieuse
en-voy-er un ha-bi-le hom-me en am-bas-sa-de
envoyer un habile homme en ambassade
il se ven-gea d'un ou-tra-ge bien sen-si-ble
il se vengea d'un outrage bien sensible
il pous-se la ven-gean-ce bien loin
il pousse la vengeance bien loin
mou-rir de faim au mi-lieu de l'a-bon-dance
mourir de faim au milieu de l'abondance
il y au-ra bien du grain cet-te an-né-e
il y aura bien du grain cette année
cet-te vil-le est cein-te d'un lar-ge fos-sé
cette ville est ceinte d'un large fossé
lais-ser u-ne mau-vaise im-pres-si-on de soi
laisser une mauvaise impression de soi
le li-on, sym-bo-le de la va-leur....
le lion, symbole de la valeur....
ce co-mé-dien jou-e bien son rô-le et le mien
ce comédien joue bien son rôle et le mien
cet é-lé-phant a man-gé sa bot-te de foin
cet éléphant a mangé sa botte de foin
il a pê-ché un gros et beau mar-souin
il a pêché un gros et beau marsouin
il en-fon-ce le bon-don d'un ton-neau
il enfonce le bondon d'un tonneau
le son d'u-ne clo-che est un bruit im-por-tun
le son d'une cloche est un bruit importun

HUITIÈME LEÇON.

Sons mouillés.

ail,

eil,

euil, ueil, œil,

il, ill,

ouil.

L'enfant prononcera *ail*, comme dans *camail; eil*, comme dans *vermeil; euil*, *etc.* comme dans *seuil; il*, *ill*, comme dans *fille; ouil*, comme dans *fenouil.*

passer un bail pour la nourriture d'un bétail.

tailler un arbre en éventail derrière le portail.

combattre en bataille son ennemi à mitraille.

percer, ouvrir, renverser un bataillon en colonne.

faire ripaille, gogaille avec une huître à l'écaille.

la chute de cette muraille le renversa dans la broussaille.

présider au travail du gouvernail et de son attirail.

je vois à mon réveil un soleil bien vermeil.

mettre une groseille dans une corbeille nompareille.

le chevreuil mangea le cerfeuil, ainsi que le chèvre-feuille.

l'écureuil emporta la noisette et la feuille.

ce vaisseau en forme de cercueil se brisa contre un écueil.

je m'éveille au glouglou de la bouteille qui charme mon oreille.

je compare le riche qui sommeille à la guêpe qui vit du travail de l'abeille.

cet œillet, agréable à l'œil, charme encore l'odorat,

fille gentille qui babille, chante-moi une cantatille.

j'écrase une chenille qui mordoit ma cheville.

ce père étrille son drille pour une peccadille.

on lui a chanté pouille pour avoir mal filé sa quenouille.

la patrouille se brouille, bredouille et s'embrouille.

mon recueil me valut un favorable accueil.

admire son orgueil dans ce large fauteuil.

ôte du feu la bouilloire où bout à double carillon le bouillon d'oisillon.

la grenouille coasse, le corbeau croasse.

NEUVIÈME LEÇON.

Consonnes nulles

L'instituteur fera observer au jeune lecteur qu'il est des consonnes qui ne se prononcent pas, telles que *c* dans *tabac; d,* dans *abord; f,* dans *clef; g* et *s,* dans *legs; l,* dans *gril; p,* dans *drap; r,* dans *aimer;*

s, dans *discours* ; *x*, dans *berceaux* ; *z*, dans *assez, etc.*

L'oreille est un guide sûr, et le bon usage est le seul maître pour indiquer les consonnes qu'il faut articuler, et celles qui n'ont aucune valeur.

LECTURE.

On écrit :	*On prononce :*
tabac	taba
abord	abor
clef	clé
legs	lè
gril	gri
drap	dra
aimer	aimé
discours	discour
combat	comba
berceaux	berceau
assez	assé.

DIXIEME LEÇON.

Liaison.

La plupart des consonnes nulles cessent de l'être, lorsque le mot suivant commence par une voyelle ou par *h* nul. Ainsi, quoiqu'on prononce *vous lisé de bons livres*, parce qu'après *vous* et *lisez* il y a des consonnes, il faut prononcer *vou-zavé-zun bon livre.* C'est ce qu'on appelle communément *liaison.*

D. Lorsqu'un mot finit par une consonne, et

et que le mot suivant commence par une voyelle ou par *h* nul, que faut-il faire?

R. Ne pas manquer à la liaison.

D. Comment se prononcent *s* et *x* à la liaison?

R. z,

D. Comment se prononce *d* à la liaison?

R. t.

D. Comment se prononce *g* à la liaison?

R. c.

L E C T U R E.

On écrit :	*On prononce :*
échet et mat.	échè-ké mat.
répondit-il ?	répon-til ?
legs important.	lè-zimportan.
trop avant.	tro-pavan.
chanter un duo.	chanté-run duo.
plusieurs amis.	plusieur-zami.
combat opiniâtre.	comba-topiniâtre.
comprend-elle ?	compren-telle ?
grand homme.	gran-tome.
des maux infinis.	dè mau-zinfini.
assez et trop long-temps.	assé-zé tro lon-tem.
un sang impur.	un san-kimpur.
un rang et des amis.	un ran ké des ami.

E

ONZIÈME LEÇON.

Majuscules.

A, B, C, D, E, F, G, H,
I, J, K, L, M, N, O, P, Q,
R, S, T, U, V, X, Y, Z.

Je n'ai rien à observer sur ces caractères ; il suffira que l'enfant s'en amuse, jusqu'à ce qu'il puisse nommer, au premier coup-d'oeil, chacun d'eux, à mesure qu'il le rencontre ; ce qui dépend de l'attention du maître.

DOUZIÈME LEÇON.

Mots à difficultés, et qui s'écartent des règles établies.

L'*e* sans accent, suivi de deux consonnes, est toujours sonore, hors le cas de deux *s* subséquents, qui quelquefois ne l'empêchent pas d'être muet.

Voici à-peu-près les mots qui souffrent cette exception.

LECTURE.

On écrit :	*On prononce :*
ressasser	reçasser
ressembler	reçembler

On écrit :	On prononce :
ressemeler	recemeler
ressentir	recentir
resserrer	recerrer
ressort	reçort
ressortir	reçortir
ressouvenir	reçouvenir
ressource	reçource

D. L'*o* devant l'*y* comment se prononce-t-il ?

R. oa.

L E C T U R E.

On écrit :	On prononce :
voyelle ,	voaielle ,
loyauté ,	loaiauté ,
moyen ,	moaien ,
voyage ,	voaiage ,
croyance ,	croaiance ;
foyer ,	foaier ,
mitoyen ,	mitoaien ,
joyau ,	joaiau ,
noyau.	noaiau.

D. L'*a* devant l'*y* comment se prononce-t-il ?

R. è moyen.

On écrit :	On prononce :
payer ,	pèier ,
essayer ,	essèier ,
rayon ,	rèion ,
layette ,	lèiette ;
paysage ,	pèisage ;
ayant ,	èiant ,
crayon.	crèion.

E 2

D. Quel son donnez-vous à *qu* dans les mots suivans?

R. Celui de *coua.*

On écrit :	On prononce :
quadragénaire,	couadragénaire,
quadragésimal,	couadragésimal,
quadragésime,	couadragésime,
quadrature,	couadrature,
quadrige,	couadrige,
quadrilatère,	couadrilatère,
quadrinôme,	couadrinôme,
quadrupède,	couadrupède,
quadruple,	couadruple,
aquatique,	acouatique,
équateur.	écouateur.

D. Quel son donnez-vous à *qu* dans les mots suivans?

R. Celui de *cu,* c'est-à-dire que l'*u* se fait sentir.

On écrit :	On prononce :
questeur,	cuesteur,
équestre,	écuestre,
quintuple,	cuintuple,
ubiquiste,	ubicuiste,
quinquagénaire,	cuincouagénaire,
quinquagésime.	cuincouagésime.

L'*u* se fait sentir dans les mots suivans : *ambiguité, aiguille, aiguillon, aiguillonner, aiguiser.*

L'*u* se change en *o* dans *club,* on prononce *clob.*

D. Quel son donnez-vous à *t* suivi d'un *i* et d'une autre voyelle ?

R. Très-souvent celui de *ci*.

Ecrivez :	*Prononcez :*
ineptie ;	inepcie ,
inertie ,	inercie ,
minutie ,	minucie ,
aristocratie ,	aristocracie ,
démocratie ,	démocracie ,
partial ,	parcial ,
initial ,	inicial ,
national ;	nacional ,
martial ,	marcial ,
ambition ;	ambicion ,
composition ;	composicion ,
conception ,	concepcion ,
démonstration ,	démonstracion ;
députation ,	députacion ,
désolation ,	désolacion ,
délectation ,	délectacion ,
dissipation ,	dissipacion ,
distribution ,	distribucion ,
élocution ,	élocucion ,
érudition ,	érudicion ,
estimation ,	estimacion ,
formation ,	formacion ,
institution ,	institucion ,
résolution ,	résolucion ,
spéculation ,	spéculacion ,
interprétation ,	interprétacion ;
consommation,	consommacion,
augmentation.	augmentacion.

E 3

Le *s*, dans les mots suivants, quoiqu'entre deux voyelles, ne s'adoucit pas.

On écrit :	*On prononce :*
désuétude,	décuétude,
monosyllabe,	monocyllabe,
parasol,	paraçol,
préséance,	précéance,
vraisemblable,	vraicemblable,
vraisemblance.	vraicemblance.

Et dans ceux-ci, où cet élément n'est pas entre deux voyelles, il se prononce *z*.

Alsace,	Alzace,
balsamique,	balzamique,
transiger,	tranziger,
transaction,	tranzaction,
transition.	tranzition.

x a le son de *s* forts dans les mots suivants.

On écrit :	*On prononce :*
Bruxelles,	Brusselles,
Auxerre,	Ausserre,
Auxonne,	Aussonne,
soixante,	soissante,
Aix.	Ais.

Il a dans ceux-ci le son de *z*.

sixain,	sizain,
sixième,	sizième,
dixième,	dizième,
dixièmement.	dizièmement.

Ch, dans les mots suivants, a le son de *k*, et dans presque tous les mots qui nous viennent des langues étrangères.

On écrit :	On prononce :
Chersonnèse,	Kersonnèse,
chalastique,	kalastique,
chalcite,	kalcite,
chalcographe;	kalcographe,
eau chalibée,	eau kalibée,
chirographaire,	kirographaire,
chiste,	kiste,
chiromancie,	kiromancie,
choeur,	koeur,
cholédologie,	kolédologie,
chondrologie,	kondrologie,
chorégraphie,	korégraphie,
chorévêque,	korévêque,
choriste,	koriste,
chorus,	korus,
chaos,	kaos,
écho,	éko,
archange,	arkange;
eucharistie,	eukaristie,
catéchumène,	catékumène,
archiépiscopat,	arkiépiscopat,
michel-ange.	mikel-ange.

gn, dans les mots suivants, se prononce durement ; les deux lettres appartiennent à deux syllabes différentes ; le *g*, à celle qui précède; le *n*, à celle qui suit.

gnomon,	gnomique,
gnome,	ignition,
ignée,	regnicole,
ignicole,	inexpugnable.

E 4

im suivi d'un second *m*, et *in* suivi d'un second *n*, conservent à l'*i* un son pur, et ne se prononcent pas *ain*.

immédiat ;	immensité,
immersion ;	imminent,
immunité ,	immobile ,
immatérialité ;	immanquable,
immobilité ,	immémorial ,
immodestie,	inné,
immortalité,	innocence ;
immeuble ,	innovation,
immutabilité ,	innombrable,
immortel ,	innover.

L'*a*, dans les mots suivants, ne se prononce pas.

On écrit :	*On prononce :*
août ,	ût ,
aoriste ,	oriste ,
aoûteron ;	ûteron ,
taon ,	tôn.

L'*o*, dans ceux-ci, est nul.

laon ,	lan ,
paon ,	pan ,
faon ,	fan ,

L'*e* ne se fait pas sentir dans celui-ci :

Caen ,	Can.

Le *p* ne sonne pas dans ces mots, et,

malgré la voyelle qui suit, il n'y a point
de liaison.

un champ étendu,   un camp ennemi.

Dans *ct* final, même suivi d'une voyelle,
faites sonner *c* seulement.

On écrit :   *On prononce :*

district immense,   distri-kimmense,
aspect agréable,   aspè kagréable,
respect infini.   respè-kinfini.

T A B L E A U.

Des mots où h *est aspiré*

ha !	hâler,
hableur,	halbran,
hache,	haleter,
hagard,	halle,
haie,	hallebarde ;
haillon,	haloir,
haine,	halte,
haïr,	hambourg ;
haire,	hameau,
harceler,	hampe,
hanche,	harpie,
hanneton,	hart,
hansière,	hasard,
hanter,	hâter,
happer,	hâve,
haquenée ;	havre,
haquet,	havre-sac,
harangue,	hausser,
haras,	haut,
harasser ;	hautbois ;
harceler,	hé !

hardes,   hem !

hardi,   hennir,

hareng,   héraut,

hargneux,   hère,

haricot,   hérisser,

haridelle,   hérisson,

harnacher,   hernie,

haro,   héron,

harpe,   héros,

hêtre,   herse,

heurter,   hoqueton

hibou,   horde,

hic, *voilà le hic.*   horion,

hideux,   hormis,

hie,   hors,

hiérarchie,   hotte,

hobereau,   houe,

hoc, *jeu du hoc.*   houille,

hoca, *jouer au hoca.*   houlette,

hoche,   houppe,

hocher,   houppelande,

hochet,   houri,

holà,   houspiller,

hollande,   housse,

homard,   houssine,

hongre,   houx,

hongrie,   hoyau,

honni,   huche,

honte,   huchet,

hoquet,   huer,

huguenot,   huppe,

huis, *à huis clos.*   hure,

     hurlement,

humer,   hurler,

hunier,   hussard.

hutte.

CONCLUSION.

On s'est résumé à ce qu'il y a de plus utile

à remarquer sur le mécanisme de la lecture? Si l'on procède avec ordre, si le jeune lecteur n'est admis à une leçon nouvelle qu'après avoir bien compris celle qui précède, c'est-à-dire parfaitement instruit des élémens qui y sont tracés, et parfaitement en état d'en faire l'application dans un livre quelconque, il est certain qu'il saura lire. Si, en lisant, il hésite, il tâtonne, s'il lit lentement, sans lire contre les règles que nous avons établies, attendez du temps et de l'usage qu'il acquière plus de célérité dans le coup-d'œil, et plus de flexibilité dans l'organe. Chaque jour, il fera un pas vers le but. Ce n'est qu'après avoir chancelé dans l'état d'enfance, que l'homme parvient à marcher d'un pas assuré.

S'il lui arrivoit d'articuler un élément d'une manière fausse, mettez-lui devant les yeux la règle contre laquelle il a manqué; puis, de la règle revenez à l'application. Il est de toute nécessité d'assujettir l'enfant à cette nouvelle méthode, et de baser son éducation sur des principes clairs, précis et incontestables.

Le jeune élève, exercé en même temps

à prononcer et à tracer des mots, aura donc tout-à-la-fois appris à lire et à écrire. C'est un temps considérable gagné au profit des autres études. Il en est deux qui doivent suivre immédiatement la lecture et l'écriture : la constitution et la langue françoise.

L'étude de la constitution doit accompagner toutes les autres. L'enfant s'y livrera en apprenant les droits de l'homme par cœur. Les applications du maître donneront du développement aux vérités que ces droits sacrés renferment.

L'étude de la langue françoise doit précéder l'étude des autres langues ; parce qu'il est naturel de procéder du connu à l'inconnu. La langue maternelle est le chemin ouvert qui conduit nécessairement l'enfant aux premières connoissances, à la vertu, au bonheur de l'homme et de la société.

LE CATÉCHISME
UNIVERSEL,
PAR SAINT-LAMBERT.

DIALOGUE PREMIER.

Demande. Qu'est-ce que l'homme ?

Réponse. Un être sensible et raisonnable.

D. Comme sensible et raisonnable, que doit-il faire ?

R. Chercher le plaisir, éviter la douleur.

D. Ce désir de chercher le plaisir et d'éviter la douleur, n'est-il pas dans l'homme ce qu'on appelle l'amour-propre ?

R. Il en est l'effet nécessaire.

D. Tous les hommes ont-ils également l'amour-propre ?

R. Oui, car tous les hommes ont le désir de se conserver et d'obtenir le bonheur ?

D. Qu'entendez-vous par bonheur ?

R. Un état durable dans lequel on éprouve plus de plaisir que de peine.

D. Que faut-il faire pour obtenir cet état ?

R. Avoir de la raison et se conduire par elle.

D. Qu'est ce que la raison ?

R. La connoissance des vérités utiles à notre bonheur.

D. Qu'est-ce qu'un homme raisonnable ?

R. Celui qui a la connoissance de ces vérités et qui en fait usage.

D. L'amour-propre ne nous engage-t-il pas toujours à chercher ces vérités et à les suivre ?

R. Non, parce que tous les hommes ne savent pas s'aimer.

D. Qu'entendez-vous par là ?

R. Je veux dire que les uns s'aiment bien, et que les autres s'aiment mal.

D. Quels sont ceux qui s'aiment bien ?

R. Ceux qui cherchent à se connoître et qui ne séparent pas leur bonheur du bonheur des autres hommes.

D. Ceux qui s'aiment mal peuvent-ils être heureux ?

R. Non, parce qu'ils ne peuvent être contens d'eux-mêmes ni des autres.

D. Comment est-on content des autres et de soi-même ?

R. En faisant ce qu'on doit à soi-même et aux autres.

D. Qu'est-ce qu'on se doit à soi-même ?

R. De conserver et d'augmenter les qualités soit du corps, soit de l'ame.

D. Comment conserver et augmenter les qualités du corps, utiles à notre bonheur ?

R. Par la tempérance dans les plaisirs des sens, et par un exercice ou un travail modéré.

D. Comment a-t-on de la tempérance dans les plaisirs des sens ?

R. En ne s'y livrant qu'autant qu'ils sont nécessaires pour entretenir et accroître nos forces.

D. Mais l'envie de nous amuser, celle d'avoir un plaisir, ne peut elle pas nous rendre moins modérés dans les plaisirs des sens ?

R. Cela n'arrive qu'à l'homme qui n'a pas observé quelles sont les bornes de ses besoins, et qui n'est pas attaché au travail et à ses devoirs.

D. Comment conserver et augmenter les qualités de l'ame, utiles à notre bonheur ?

R. En cherchant à perfectionner notre raison et à conserver les sentimens qui sont agréables à nous et aux autres.

D. Quels sont ces sentimens ?

R. Tous ceux qui nous portent à remplir nos devoirs entre les hommes.

D. Qu'est-ce qu'on doit aux hommes ?

R. De contribuer à leur bonheur.

D. Pourquoi ?

R. Parce que depuis sa naissance jusqu'à sa mort, l'homme a toujours besoin des hommes.

D. L'homme est donc bien foible ?

R. Il est foible quand il est seul, mais il est fort par la société.

D. Qu'est-ce que la société ?

R. C'est un corps d'hommes rassemblés pour se défendre, se secourir et s'aimer. L'Angleterre, la France, la Suisse, etc., sont des sociétés.

D. Comment est-il foible quand il est seul ?

R. Parce qu'il ne peut se défendre contre les animaux et les saisons, ni se pourvoir des choses nécessaires à sa conservation et au bonheur de sa vie.

D. Que faut-il faire pour être aimé de la société ?

R. Avoir de la justice, de la vertu et l'amour de l'ordre.

D. Quest-ce que la justice ?

R. C'est une disposition à nous conduire envers les autres, comme nous désirons qu'ils se conduisent envers nous.

D. Qu'est-ce que la vertu ?

R. C'est une disposition habituelle à contribuer au bonheur des autres.

D. Qu'entendez-vous par ce mot ordre?

R. L'assemblage des lois, des règles et des usages établis pour le maintien de la société.

D. Vous m'avez dit ce que c'est que la vertu en général, mais qu'entendez-vous par des vertus?

R. J'entends les passions utiles à nous et à nos semblables.

D. Qu'est-ce que le vice?

R. C'est une disposition à sacrifier l'ordre et ce que nous devons à nos semblables, à notre intérêt mal entendu.

D. Qu'entendez-vous par des vices ?

R. Des passions qui nuisent à nous et aux autres.

D. Comment pouvons nous être dans la disposition de nous nuire à nous-mêmes.

R. En cherchant des plaisirs qui peuvent nuire à notre santé, affoiblir nos bonnes qualités, nous écarter de nos devoirs.

D. Sommes-nous souvent dans ce danger ?

R. Oui, quand nous ne connoissons pas bien les hommes et nous-mêmes.

D.

D. Que faut-il faire pour bien connoître les hommes et soi-même ?

R. C'est ce que je vous dirai dans le premier entretien que j'aurai avec vous.

DIALOGUE SECOND.

D. Vous devez me dire ce qu'il faut faire pour bien connoître les hommes et soi-même ?

R. Il faut d'abord connoître les passions.

D. Qu'est-ce que les passions ?

R. Des sentimens vifs et de quelque durée.

D. Quelles sont les causes des passions.

R. L'amour de nous-mêmes, ou l'amour du plaisir et l'aversion pour la douleur.

D. Dites-moi d'abord quelles sont les passions vicieuses ?

R. L'orgueil, la colère, la haine, la vengeance, l'envie, la pusillanimité, la paresse.

D. Qu'est-ce que l'orgueil ?

R. C'est une opinion exagérée de notre mérite, accompagnée de mépris pour les autres.

D. Pourquoi est-il un vice ?

R. Parce qu'il nuit à nous et aux autres.

D. Comment peut-il nous nuire ?

R. Parce qu'il nous attire la haine de la société, et que l'homme haï devient plus foible que s'il étoit seul.

D. Comment nuit-il aux autres ?

R. Parce qu'il attaque l'estime qu'a pour eux la société, et celle qu'ils ont pour eux-mêmes.

D. Qu'est-ce que le mépris ?

F

R. C'est le sentiment qu'inspirent à l'orgueilleux ceux qu'il croit ses inférieurs, et qu'inspirent à tous les hommes ceux qui n'ont pas les qualités utiles à la société.

D. Qu'est-ce que la colère ?

R. C'est un sentiment vif et pénible que nous font éprouver ceux qui nous nuisent, ou ceux en qui nous supposons l'intention de nous nuire.

D. Quels sont les effets de ce sentiment ?

R. Il rend injuste, il peut devenir cruel, il ôte la raison.

D. L'homme dans cet état ne peut donc écouter la prudence, qui n'est que l'exercice de la raison d'usage dans la société ?

R. Cela lui est impossible.

D. Qu'est-ce que la haine ?

R. Une colère continuée, mais moins vive ; un désir permanent de nuire à son objet.

D. Mais ne peut-on haïr ceux qui veulent nous faire du mal ?

R. Non, il ne faut que se défendre et avoir pour eux de l'aversion, c'est-à-dire éviter leur commerce.

D. Quel seroit l'inconvénient de haïr ceux qui nous haïssent ?

R. Il y en a plusieurs : la haine est un sentiment triste qui nous empêche de jouir des sentimens agréables, qui nous rend odieux à la société, et qui nous inspire la vengeance.

D. Qu'est ce que la vengeance ?

R. Un désir violent de rendre le mal qu'on a reçu ou qu'on croit avoir reçu.

D. Pourquoi la vengeance est elle un vice?

R. Parce qu'elle blesse les lois de la société qui se charge de punir les offenses.

D. Mais n'y a-t-il pas des paroles ou des actions offensantes que la société ne punit pas?

R. Alors ces actions ou ces paroles ne peuvent faire un tort véritable, et on doit les pardonner.

D. Et si on ne les pardonne pas?

R. On montre un caractère que la société doit craindre, et pour lequel elle a de l'aversion.

D. Qu'est-ce que l'envie?

R. Un sentiment triste que nous inspire le bonheur ou le mérite des autres.

D. L'envie rend donc bien malheureux?

R. Oui, tout ce qu'il y a de plaisirs, de belles qualités ou de talens sur la terre peut faire son supplice.

D. Ne porte-t-elle pas beaucoup à tourmenter les autres?

R. Oui, elle déteste son objet et cherche à lui nuire.

D. C'est donc un caractère bien méprisable et bien odieux?

R. Il n'y en a point qui le soit davantage, puisque l'envieux hait et poursuit tout ce qui peut être utile ou agréable à la société.

D. Qu'est-ce que la pusillanimité?

R. Une disposition habituelle au sentiment de la peur.

D. Quels sont les effets de cette disposition?

F 2

R. D'ôter les forces de l'esprit et du corps ; de tourmenter d'inquiétudes, de rendre incapable d'entreprises difficiles, d'empêcher de suivre son devoir quand il y a du danger à le suivre.

D. Quel sentiment inspirent ceux qui ont cette disposition.

R. Le mépris, puisqu'ils sont exposés à manquer à leurs devoirs, et peuvent rarement rendre de grands services à la société.

D. Qu'est-ce que la paresse ?

R. C'est la haine du travail que la nature et la société nous imposent.

D. A quels maux s'expose le paresseux ?

R. A la misère, s'il est sans fortune.

D. Et s'il est riche ?

R. A l'ennui, à la perte de ses richesses, au mépris des bons citoyens.

D. N'est-il pas fort injuste ?

R. Sans doute, dans une société où tout le monde s'occupe, il ne peut se livrer à l'oisiveté sans injustice.

D. Le paresseux pauvre n'a-t-il pas une autre manière d'être injuste ?

R. Il abuse de la pitié du riche, qui est le patrimoine du pauvre laborieux à qui son travail ne peut suffire.

D. Toutes ces passions nous rendent-elles malheureux ?

R. Oui, ou par elles ou par leurs suites.

D. Comment par elles ?

R. Parce qu'elles sont des sentimens tristes : craindre, haïr, être colère, envier, etc., c'est souffrir.

D. Ces passions ne donnent-elles jamais de jouissances ?

R. Elles peuvent en donner qui ne durent qu'un moment et qui sont suivies de longs repentirs.

D. Croyez-vous que l'orgueil et la paresse soient des sentimens tristes par eux-mêmes

R. Ils ne le sont pas d'abord, mais ils le deviennent par leurs effets.

D. Les passions tristes par elles-mêmes ne sont-elles pas, en général, celles qui nuisent le plus à la société ?

R. Oui, et voilà pourquoi il est si dangereux de les laisser devenir des habitudes.

D. Ne doit-on pas encore éviter de les inspirer aux autres ?

R. Sans doute, puisqu'elles sont un mal.

D. N'ont-elles pas encore d'autres suites fâcheuses dont nous n'avons rien dit ?

R. Nous avons déjà fait entendre qu'elles étoient les sources de plusieurs vices et de plusieurs défauts.

D. Quels sont-ils ?

R. Nous en parlerons dans un autre entretien.

DIALOGUE TROISIÈME.

D. Quels sont les vices et les défauts que traînent à leur suite ces passions dont nous avons parlé ?

R. La méchanceté, la cruauté, la médisance, la calomnie, le mensonge, la présomption, l'ingratitude, l'inquiétude, le chagrin, la tristesse, la superstition, la vanité.

D. Les hommes naissent-ils méchans ?

R. Non, mais ils le deviennent quand ils n'ont pu mériter l'estime et la bienveillance de la société.

D. Qu'est-ce que la méchanceté ?

R. C'est le sentiment d'une ame qui se complaît dans le malheur des hommes.

D. Et la cruauté ?

R. Le sentiment de ceux qui se complaisent à faire souffrir les plus grands maux et surtout les tourmens physiques.

D. La méchanceté n'est-elle pas la cause de la médisance ?

R. La médisance a pour causes l'orgueil, l'envie, la haine, la vanité, la vengeance pusillanime.

D. Quel est le fruit le plus ordinaire qu'on recueille de la médisance ?

R. Les fautes du médisant ne sont jamais pardonnées ; ses bonnes qualités sont très-rarement avouées.

D. La médisance ne va-t-elle pas jusqu'à dire le mal qui n'est pas ?

R. Elle est alors la calomnie, et c'est le dernier degré de la perversité ; elle est même punie par les lois.

D. Quel est son but ordinaire ?

R. D'ôter au mérite l'estime des hommes qui est sa récompense.

D. Quand le mensonge ne seroit pas employé par la calomnie, ne seroit-il pas un vice bien odieux ?

R. Sans la parole, les hommes vivroient entre eux comme des loups ; et si la parole dit ce qu'on ne pense pas, elle n'est plus le premier lien de la société·

D. Quelles sont les principales causes du mensonge !

R. Il y en a plusieurs : l'orgueil, la foiblesse qui veut cacher ses fautes, le désir désordonné d'un bien, la crainte excessive d'un mal, la paresse, etc.

D. Quand le mensonge est découvert ?

R. Le menteur perd la confiance et l'estime de ses concitoyens.

D. Peut-il être sûr que ses mensonges ne seront pas découverts ?

R. Jamais ; et quand il en seroit sûr, il ne pourroit ignorer que ses mensonges sont l'effet de vices ou de foiblesses.

D. N'y a-t-il pas, outre un mensonge en paroles, un mensonge d'action ?

R. Oui, quand par sa conduite on feint un dessein, une vertu, un sentiment qu'on n'a pas.

D. Quel nom donne-t-on à cette espèce de mensonge ?

R. Celui de fausseté ou d'hypocrisie.

D. Et lorsqu'on est coupable de ce mensonge dans le dessein de nuire beaucoup à quelqu'un ?

R. Cela s'appelle de la perfidie.

D. L'homme doit donc toujours être vrai ?

R. L'homme doit toujours dire à ses semblables les vérités qui peuvent leur être utiles.

D. N'avez-vous pas dit que la présomption étoit un de ces défauts que faisoient naître en nous les passions vicieuses ?

R. Elle est presque un effet nécessaire de l'orgueil.

D. Qu'est-ce que la présomption ?

R. C'est un faux jugement de nos forces qui les exagère à nos yeux.

D. Quels sont ses effets ?

R. De nous faire entreprendre ce que nous ne pouvons exécuter.

D. Quelles sont les causes de l'ingratitude ?

R. L'orgueil, la paresse, l'amour effréné des plaisirs, la cupidité, la légèreté, etc.

D. Mais l'orgueil n'est-il pas la cause la plus commune de l'ingratitude ?

R. Il l'est, et de l'ingratitude la plus odieuse, puisqu'il va quelquefois jusqu'à inspirer de la haine pour son bienfaiteur.

D. Comment cela ?

R. Un des effets de l'orgueil est de ne pouvoir souffrir aucune supériorité ; or les bienfaits en donnent : d'ailleurs la reconnoissance impose des devoirs, et l'orgueil ne se soumet que le moins possible à la loi d'un devoir nouveau.

D. L'ingrat n'est-il pas bien odieux à la société ?

R. Sans doute, puisqu'il affoiblit autant qu'il est en lui le sentiment de cette vérité si utile, que les bienfaits concilient les coeurs.

D. De qui l'ingrat doit-il être le plus haï ?

R.

R. Du malheureux. L'ingrat est l'ennemi de tous ceux qui ont des besoins.

D. Qu'entendez-vous par l'inquiétude?

R. Une crainte vague des événemens, une incertitude dans notre volonté.

D. Quelle en est la cause?

R. Il y en a plusieurs : la pusillanimité, le mécontentement de nous-mêmes, les injustices que nous avons éprouvées, une suite de malheurs.

D. Qu'est-ce que la superstition?

R. La crainte des puissances invisibles.

D. Comment s'en préserver?

R. En domptant la peur, en modérant en nous le désir de deviner l'avenir, en cherchant à connoître la nature, en nous défiant beaucoup de notre imagination.

D. Le chagrin et la tristesse ne sont-ils pas des vices?

R. Non, ce sont des sentimens fâcheux qui prouvent notre foiblesse quand on ne sait pas s'en rendre maître.

D. Les malheurs qu'on éprouve dans sa fortune, la perte, l'ingratitude ou les périls des gens qu'on aime, donnent une tristesse, un chagrin qu'on ne peut pas blâmer.

R. Cela est vrai, mais on ne doit pas laisser à ces sentimens trop d'empire et trop de durée.

D. Pourquoi?

R. Pour notre intérêt et celui des autres.

D. Comment pour notre intérêt?

G

R. Parce qu'ils nous éloignent du but de la vie qui est le bonheur.

D. Comment pour l'intérêt des autres?

R. Parce que le chagrin et la tristesse suspendent et même affoiblissent les facultés de notre entendement, nous rendent inutiles à la société, et se communiquent à nos semblables.

D. Mais n'y a-t-il pas des situations où l'on doit être inconsolable?

R. Quand on a fait des fautes qu'on ne peut réparer, s'il y a de telles fautes.

D. N'avez-vous pas compris la vanité au nombre des défauts que font naitre les passions vicieuses?

R. Je l'y ai comprise. La vanité n'est souvent qu'un orgueil qui veut occuper de lui exclusivement.

D. La vanité ne veut-elle pas se faire valoir par de petits avantages qu'elle possède, ou par des qualités qu'elle n'a pas?

R. Cela est vrai, aussi est-elle odieuse ou ridicule.

D. Quand est-elle odieuse?

R. Quand elle étale fréquemment ses avantages.

D. Quand est-elle ridicule?

R. Lorsque les avantages dont elle se pare ou n'existent pas, ou n'ont pas un mérite réel.

D. N'y a-t-il pas d'autres passions que l'orgueil, qui entrent dans la composition de la vanité?

R. Nous ne pouvons en parler qu'après nous être entretenus d'autres passions dont nous n'avons rien dit.

DIALOGUE QUATRIÈME.

D. N'avons-nous pas dit que l'amour propre nous portoit sans cesse à chercher les moyens de nous conserver et de nous rendre heureux?

R. Nous l'avons dit.

D. N'avons-nous pas dit encore que ces moyens étoient l'emploi des qualités de l'ame les plus utiles à nous et aux autres?

R. Sans doute.

D. Quand on reconnoît en soi ces moyens, quel est le sentiment qu'on éprouve?

R. Le sentiment de ses forces.

D. Qu'entendez-vous par le sentiment de ses forces?

R. La conscience que nous avons en nous ce qu'il faut pour nous procurer le bonheur.

D. Ces qualités du corps et de l'ame dont nous avons parlé, sont-elles les seuls moyens de nous procurer le bonheur?

R. Ce sont les meilleurs et les plus sûrs.

D. Mais n'y en a-t-il pas d'autres, et qu'on peut employer avec succès?

R. Oui, par exemple, les emplois, la richesse, la gloire.

D. Ajoutent-ils au sentiment que nous avons de nos forces?

R. Souvent ils ajoutent peu à nos forces personnelles, mais ils nous donnent le sentiment d'une autre force, que j'appelle force de situation.

D. Et cette force de situation peut-elle nous procurer des plaisirs et nous faire éviter les douleurs ?

R. Elle le peut, et voilà pourquoi il est si naturel de desirer les emplois, les richesses, la gloire.

D. C'est donc pour le pouvoir qu'ils donnent qu'on veut des emplois ?

R. Sans doute, et ce desir est ce qu'on appelle l'ambition.

D. Est-elle un vice ou une vertu ?

R. Elle est une vertu ou un vice selon les moyens qu'on emploie pour parvenir, et selon le but qu'on se propose.

D. Comment est-elle une vertu selon les moyens qu'on emploie pour parvenir ?

R. Quand on ne veut obtenir ses places qu'en les méritant par des qualités, des travaux, des services.

D. Comment est-elle un vice selon les moyens qu'on emploie pour parvenir ?

R. Lorsqu'on emploie la flatterie, l'intrigue, le mensonge, la calomnie, la violence, etc.

D. Comment est-elle une vertu selon le but qu'on se propose ?

R. Quand on veut employer son pouvoir au bonheur de la société.

D. Comment est-elle un vice selon le but qu'elle se propose ?

R. Lorsqu'elle veut se borner à faire ser-

(77)

vir les membres de la société à son propre avantage.

D. Mais l'amour des richesses est-il un vice ou une vertu?

R. Il est un vice quand il nous rend cupides ou avares.

D. Qu'entendez-vous par cupides?

R. J'entends ceux qui veulent acquérir de grandes richesses sans respecter l'ordre, la justice, les intérêts de l'Etat, les propriétés de leurs concitoyens.

D. Et par avares?

R. Ceux qui ne dépensent pas ce que la justice, l'ordre, l'intérêt général leur imposent de dépenser.

D. Mais si on veut s'enrichir par une industrie et un travail utiles à ses concitoyens, si on se propose de faire de ses richesses un usage avantageux pour l'Etat et le pauvre, dans quel genre de passions placez-vous l'amour des richesses?

R. Dans celui des passions vertueuses.

D. Et l'amour de la gloire qu'en direz-vous?

R. Que c'est ce qu'il y a de mieux sur la terre après la vertu.

D. Expliquez-moi cette pensée.

R. C'est qu'on n'obtient la gloire qu'en faisant aux hommes de très-grands biens.

D. Mais n'obtient-on pas la gloire en montrant aux hommes un grand pouvoir de faire du mal et du bien?

R. Dans les siècles éclairés on n'obtient

G 3

par ce moyen que de la célébrité, et non
de la gloire.

D. Quel différence y a-t-il entre la célébrité et la gloire?

R. La célébrité est le partage de quiconque
s'est fait connoître par des talens ou des actions qui ont produit de grands maux ou de
grands biens.

D. Et la gloire?

R. Je l'ai dit, elle est le partage de ceux
qui se sont fait connoître par les biens qu'ils
ont faits, et tôt ou tard ils sont aimés.

D. N'y a-t-il pas d'inconvénient à être
trop occupé de la gloire?

R. Oui, on peut être trop inquiet de l'opinion des autres, et trop tenté de conformer
sa conduite à l'opinion vraie ou fausse.

D. N'y a-t-il pas d'autres inconvéniens?

R. Nous pouvons être indisposés contre
ceux qui nous refusent des louanges, et
contre des rivaux qui ont autant ou plus
de mérite que nous.

D. Sont-ce là les seuls dangers qui accom-
pagnent l'amour de la gloire?

R. Il peut nous faire négliger certaines
vertus qui sont rarement des sujets d'éloge,
ou nous engager à nous parer d'un mérite
que nous n'avons pas, et à alimenter en nous
la vanité.

D. Cependant l'ambition, l'amour des richesses et celui de la gloire ne sont pas, selon
vous, de ces passions qu'il faut éteindre?

R. Elles sont même du nombre de celles

qu'il faut entretenir, parce que ce n'est jamais nécessairement qu'elles nous font manquer à ce précepte : *Ne faites pas aux autres ce que vous ne voudriez pas qu'ils vous fissent.*

DIALOGUE CINQUIÈME.

D. Nous avons à parler des passions vertueuses.

R. Et qui sont par elles-mêmes des sentimens agréables; mais je voudrais auparavant que nous disions un mot d'un sentiment naturel, qu'on peut appeler un de nos penchans plutôt qu'une passion.

N. Quel est ce sentiment i

R. La pitié.

D. Quels sont ses effets ?

R. De nous rendre sensibles aux peines des autres et de nous porter à les secourir.

D. Mais n'est-ce pas un sentiment pénible ?

R. Oui, quand elle n'est pas adoucie par l'espérance ou le bonheur de soulager le malheureux.

D. Et avec ce bonheur ou cette espérance ?

R. Elle devient un sentiment tendre et doux. Parlons à présent des passions vertueuses et agréables par elles-mêmes.

D. Quelles sont ces passions ?

R. L'amour pour tout ce qu'on doit aimer, comme père, mère, frère, soeur, épouse, et pour l'honneur, l'amitié; la bonté, la générosité, la bienveillance universelle,

G 4

l'émulation, l'admiration, la reconnoïs-
sance, le courage, si on peut l'appeler une
passion.

D. Qu'entendez-vous par ce mot amour ?

R. C'est le sentiment de complaisance ou
de tendresse que nous inspirent les personnes
ou les choses qui, par leur possession, leur
présence, ou leurs services, contribuent ou
peuvent contribuer au bonheur de notre vie,
ou seulement à des plaisirs ou à des avantages passagers.

D. Ne parlerons - nous pas d'abord de
l'amour des personnes ?

R. Oui, puisque cet amour est une des
premières vertus.

D. Comment ?

R. C'est qu'on veut faire du bien à ceux
qu'on aime.

D. Qu'est-ce que doit inspirer l'amour pour
ses pères et mères ?

R. Le desir de les voir heureux et d'y contribuer de tout son pouvoir.

D. Comment un fils ou une fille dans le
premier âge peuvent-ils contribuer au bonheur de leurs parens ?

R. En s'enrichissant des vertus et des talens que leurs parens peuvent leur donner,
et en se corrigeant des défauts dont ils veulent
les corriger.

D. Comment les enfans parvenus à l'âge
mûr doivent-ils aimer leurs parens ?

R. En leur donnant des secours ; en leur

montrant du respect, de l'amour, de la dé-
férence à leurs volontés.

D. Qu'est-ce que l'amour d'un mari et
d'une femme doit leur inspirer ?

R. Le desir de se rendre toujours utiles et
agréables l'un à l'autre.

D. Mais l'amour des pères et des mères ?

R. De donner à leurs enfans des vertus,
l'amour du travail, des talens, et de leur
assurer autant qu'ils le peuvent, pour le présent et l'avenir, les commodités de la vie.

D. Comment prouve-t-on qu'on aime sa
patrie ?

R. En se soumettant de bonne grace à ses
lois, et en la servant tant qu'on le peut, dans
la situation où l'on est placé.

D. L'amour pour ses amis à quoi engage-
t-il ?

R. A les honorer, les servir, les aimer,
plus que les autres hommes.

D. Qu'est-ce que la bienveillance universelle ?

R. C'est l'amour du genre-humain.

D. Mais peut-on aimer le genre-humain ?

R. On peut desirer vivement que les
hommes soient meilleurs et plus heureux.

D. Qu'est-ce que la bonté ?

R. C'est une pitié, ou un amour tendre
pour tous les hommes, qui nous fait trouver
un plaisir extrême à les obliger.

D. Et la générosité ?

R. C'est un desir de servir les hommes assez

puissant pour nous engager au sacrifice de nos propres intérêts.

D. Quels sont les avantages de la générosité?

R. Il n'y a point de qualité qui justifie plus à nos propres yeux l'estime de nous-mêmes et nous concilie plus l'amour des hommes.

D. N'a-t-elle pas encore d'autres avantages?

R. Elle nous élève au-dessus des petites passions inspirées par un amour-propre et des intérêts mal entendus.

D. Qu'est-ce que l'émulation?

R. C'est le désir d'égaler nos rivaux en mérite.

D. Est-elle une vertu?

R. Tant qu'il ne s'y mêle pas d'envie.

D. Qu'est-ce que l'admiration?

R. C'est une approbation mêlée d'étonnement et d'amour, que nous inspirent dans tous les genres, le beau, l'excellent, le sublime.

D. Comment est-elle une vertu?

R. Parce qu'elle nous préserve de l'envie, parce qu'elle nous porte à aimer ce qu'il y a de plus aimable, et qu'elle encourage les qualités et les talens les plus utiles à la société.

D. Qu'est-ce que la reconnoissance?

R. C'est l'amour pour son bienfaiteur, et le désir de l'obliger : la justice l'impose et la reconnoissance augmente chez tous les hommes qui la voient agir, le désir de s'obliger mutuellement.

D. Pourquoi placez-vous l'amour du travail au rang des passions agréables et vertueuses ?

R. Parce qu'il nous fait sentir que nous avons en nous-mêmes, les moyens d'augmenter nos jouissances, et parce qu'il est impossible dans les sociétés bien ordonnées, que l'homme qui travaille pour lui-même, ne travaille en même-temps pour les autres.

D. Ne nous préserve-t-il pas aussi de l'ennui, et des défauts attachés à la paresse ?

R. Ce sont là ses premiers effets.

D. Qu'est-ce que l'amour de l'honneur ?

R. C'est le désir de conserver le droit qu'on croit avoir à sa propre estime, et à celle des autres.

D. Comment conserve-t-on ce droit ?

R. En ne se permettant ni les actions ni les omissions auxquelles la société a justement attaché le mépris.

D. Qu'est-ce que le courage ?

R. C'est la force d'une ame raisonnable qui ne peut-être détournée de ses desseins, ni par les dangers ni par la douleur.

D. Celui qui a du courage ne craint donc ni la mort, ni les reproches injustes, ni la douleur, ni la pauvreté ?

R. Il les craint, mais moins que la honte, et surtout que les reproches de sa conscience.

D. Qu'est-ce que la honte ?

R. C'est le sentiment triste de celui qui a perdu le droit de conserver sa propre estime et celle des autres.

D. L'amour de l'ordre peut-il être une passion ?

R. Il en est une fort vive dans celui qui ne s'est rien permis contre les lois, les règles, les usages respectables de la société.

D. Et l'amour de la justice peut-il s'appeler une passion ?

R. Oui, les ames vertueuses désirent fortement de la voir régner, et souffriroient la perte de leurs biens, et la mort même, plutôt que de la blesser.

D. Qu'est-ce que l'amour de la vertu ?

R. C'est une passion formée de toutes les belles passions dont nous venons de parler, et d'un extrême désir de contribuer au bonheur des hommes.

DIALOGUE SIXIÈME.

D. Vous connoissez à présent toutes les passions ?

R. Oui, et je vois qu'il y en a de vicieuses dont il faut se préserver.

D. Croyez-vous qu'on en soit toujours le maître ?

R. Je crois fort difficile, par exemple, de ne se mettre jamais en colère contre le vice et l'absurdité.

D. Mais en se représentant vivement tous les inconvéniens de cette passion ?

R. On peut la réprimer, et finir peut-être par ne la plus sentir.

D. Et les autres passions vicieuses?

R. Il en est de même, et pour les mêmes raisons.

D. Mais si l'on n'espéroit pas se rendre inaccessible à toutes ces vilaines passions, ne faudroit-il pas encore les combattre?

R. Oui, pour en affoiblir le sentiment et pour en diminuer la durée.

D. C'est-à-dire pour les empêcher de devenir des habitudes?

R. Et aussi pour les empêcher de se rendre pendant quelques momens maîtresses de nos actions.

D. Mais quelle arme avons-nous pour combattre ces passions avec avantage?

R. Celles que nous donne la raison.

D. Que fait la raison quand elle combat ces passions?

R. Elle montre leurs suites comme la perte de l'estime et des avantages de la société, la perte de sa propre estime, le sentiment de sa foiblesse; elle fait voir que le plaisir que promettent ces passions, n'est que d'un moment, et que des peines cruelles peuvent le suivre.

D. La raison nous apprend donc à ne pas sacrifier un long espace de la vie à un seul moment?

R. C'est là son chef-d'oeuvre.

D. Le bonheur au plaisir?

R. Précisément.

D. Mais avec toutes ses leçons, n'est-elle pas bien foible contre les mouvemens violens des passions ?

R. Elle n'est pas toujours sûre de vaincre.

D. Que faut-il faire pour la rendre plus forte ?

R. Deux choses : apprendre à distinguer de ses conseils les illusions raisonnées des passions, et opposer aux passions qu'elle condamne, les passions qu'elle approuve.

D. Comment apprendre à distinguer les conseils de la raison des illusions raisonnées des passions ?

R. En comparant les biens que nous promettent les passions, avec ceux qui doivent suivre l'exercice de la vertu.

D. Comment opposer aux passions qu'elle condamne, les passions qu'elle approuve ?

R. Je suis disposé à la haine, je m'occupe du plaisir d'aimer ; à l'envie, j'exalte en moi le plaisir d'admirer ; je suis ébranlé par la crainte du danger, je réveille en mon ame le sentiment de l'honneur.

D. Et si vous êtes sollicité par les plaisirs des sens.

R. Je compare ces plaisirs au bonheur que me promet l'attachement à mes devoirs, je m'excite à l'amour du travail, je ranime en moi l'amitié, la bienveillance, je m'entretiens de pensées vertueuses.

D. Pensez-vous que l'homme qui se fait une habitude des passions estimables, en soit moins sujet à céder aux passions vicieuses ?

R. Oui, toutes les passions se fortifient par l'habitude, et toutes celles qu'elle a fortifiées triomphent des autres.

D. Ensorte qu'un homme qui aime beaucoup sa patrie, ne voudroit pas s'enrichir aux dépens de sa patrie?

R. Et un enfant qui aime beaucoup son père et sa mère, ne voudroit pas d'un plaisir qu'ils lui auroient défendu.

D. Il faut donc se livrer aux passions vertueuses?

R. Je ne dis pas qu'il faut s'y livrer.

D. Que voulez-vous dire?

R. Qu'il faut chercher à les rendre en nous des habitudes.

D. Mais pourquoi ne voulez-vous pas qu'on s'y livre.

R. Parce qu'elles ont des illusions, des préférences, des exclusions, que la raison condamne.

D. Comment?

R. Si je me livre trop à l'amitié, je puis préférer mon ami à ma patrie; si l'amour de la patrie est excessif en moi, il peut me faire oublier ce que je dois à tous les hommes, à mes parens, à mon ami, etc.

D. Comment se préserver de l'excès dans les passions vertueuses?

R. En se disant souvent que personne n'est sur la terre pour être seulement ami, parent, époux, citoyen, etc., mais tout cela ensemble.

D. Ne faut-il employer que ce moyen?

R. Il faut encore connoître l'ordre de nos devoirs et leur ensemble.

D. L'homme qui réunit toutes ces connoissances et tant de docilité à la raison, mérite bien des éloges ?

R. Il mérite d'être honoré du nom de prudent.

D. Qu'est-ce que l'homme prudent ?

R. Celui qui sait quand et comment il faut combattre le vice ; dans quelles circonstances, avec quelle mesure il faut servir ou suivre telle ou telle vertu. Il ne fait pas même de belles fautes ; la sérénité et la douce joie règnent dans son cœur ; content des autres et de lui-même, avec la santé et le nécessaire, il est aussi heureux que l'homme peut l'être.

LE

LE BONHEUR CHAMPÊTRE,

DIALOGUE entre un Célibataire et un Villageois.

LE VILLAGEOIS chante en béchant la terre.

VIVE la chansonnette et nargue à la misère!

LE CÉLIBATAIRE.

Vous me semblez bien gai?

LE VILLAGEOIS.

Tout comme à l'ordinaire.

LE CÉLIBATAIRE.

Vous aimez votre état?

LE VILLAGEOIS.

Ma foi! j'aurois grand tort
De vouloir jnsqu'ici me plaindre de mon sort.

LE CÉLIBATAIRE.

Vous chantiez de bon coeur!

LE VILLAGEOIS.

Mon ame est si contente!

LE CÉLIBATAIRE.

Quand on est marié, Bon-homme, est-ce qu'on chante?

LE VILLAGEOIS.

Depuis que je le suis, je chante, Dieu merci!
Comment donc? à la ville il n'en est pas ainsi?

H

LE CÉLIBATAIRE.

Avez-vous des enfans?

LE VILLAGEOIS.

Grace au Ciel, j'en ai douze :
Il faut les voir sauter, bondir sur la pelouse!

LE CÉLIBATAIRE.

Douze enfans, dites-vous?

LE VILLAGEOIS.

Ah, Monsieur! autrefois
Nous en avions bien quinze; il nous en est mort trois.
Dieu les donne et les ôte; il en est bien le maître :
Mais ce malheur pourra se réparer peut-être!

LE CÉLIBATAIRE.

Et votre femme est jeune?

LE VILLAGEOIS.

Elle a.... je n'en sais rien;
On ne vieillit jamais quand on se porte bien.

LE CÉLIBATAIRE.

Et jolie?

LE VILLAGEOIS.

Elle est bonne, elle est plus que jolie ;
Ses enfans, à mes yeux, l'ont assez embellie;
Cette mère attentive à prévoir leurs besoins,
Met, à les rendre heureux, son bonheur et ses soins;
Oh! c'est, je vous assure, une excellente femme!

LE CÉLIBATAIRE.

Vous l'aimez?

LE VILLAGEOIS.

Si je l'aime! ah, de toute mon ame!
Elle a tant d'amitié pour son pauvre Colas!
Si je l'aime! eh, mon Dieu, qui ne l'aimeroit pas?
Jamais elle ne gronde; elle est douce, elle est sage,
Elle aime son mari, ses enfans, son ménage.....

LE CÉLIBATAIRE.

Et viennent-ils à bien tous nos petits enfans?

LE VILLAGEOIS.

C'est un charme! François n'a pas encor sept ans;
Et le drôle a déjà plus d'esprit que son père.
Je marche; il est toujours ou devant ou derrière:
Il mène mes chevaux du matin jusqu'au soir.
Mes filles! c'est cela qui fait plaisir à voir!
Chaque jour, à mon coeur, leur bonne intelligence,
leurs tendres amitiés et leur reconnoissance,
d'un siècle de plaisirs font goûter les douceurs!
mon dernier tette encore; et sitôt que ses soeurs
font semblant de vouloir tetter aussi sa mère,
Croiriez-vous qu'il les bat? oh! le petit compère
Sera, je vous promets, robuste et vigoureux!

LE CÉLIBATAIRE.

Enfin, dans votre état, vous êtes donc heureux?

LE VILLAGEOIS.

Heureux! quand je reviens le soir du labourage,
Il faut voir le plaisir de mon petit ménage,
Comme ils sont tous joyeux, ma femme, mes enfans!
On me diroit parti depuis quatre à cinq ans;
Ils parlent tous ensemble et d'une voix si tendre,

H 2

Que mon coeur tout ému ne sait auquel entendre.
Louis qui peut à peine atteindre à mon genou,
Monte sur une chaise, et se pend à mon cou.
Mes filles! quel accueil elles font à leur père!
Et je vois mon Lucas sur le lit de sa mère,
Qui se roule, et voulant aussi me caresser,
Me tend ses petits bras pour aller l'embrasser.
Moi, je les prends, je ris, je pleure, je les baise;
D'y penser seulement, je ne me sens pas d'aise.
Ah! vous devez sentir quel plaisir pour mon coeur!
Vous êtes père aussi?

LE CÉLIBATAIRE.
Je n'ai pas ce bonheur.

LE VILLAGEOIS.
En est-il, Citoyen, un autre sur la terre?
Nous ignorez combien il est doux d'être père!

LE CÉLIBATAIRE.
Et comment vivez-vous?

LE VILLAGEOIS.
On ne meurt pas de faim:
Toujours bon appétit; on a de très-bon pain.

LE CÉLIBATAIRE.
Du pain et rien de plus?

LE VILLAGEOIS.
Le matin, de coutume,
On dépêche un grand plat d'un excellent légume;
Doit-on de son travail revenir un peu tard:
On vous prend sous son pouce un bon morceau de lard.

LE CÉLIBATAIRE.

Grand appétit, c'est trop pour un pauvre ménage!
Vous avez donc pour vivre un petit héritage?

LE VILLAGEOIS.

Nous avons, pour tout bien, nos bras, et nous vivons;
Nous avons... Sais-je moi, tout ce que nous avons?
Je ne calcule pas; tout au jour la journée;
Et puis, sans y penser, vient la fin de l'année.
Dieu bénit mes travaux, et, mon champ, tous les ans,
Nourrit mon père, moi, ma femme et mes enfans;
car j'ai mon père encor.

LE CÉLIBATAIRE.

       Et le prix du fermage,
La semence, l'engrais, les frais du labourage?

LE VILLAGEOIS.

N'ai-je donc pas mes oeufs, mes poulains, mes toisons?
Les comptez-vous pour rien? Dans de bonnes saisons,
Mon fils m'apporte encor quelqu'argent de la Halle;
La famille s'assemble, on mange, on se régale;
La femme en coupe un chou de plus dans le jardin;
On boit le décadi son petit coup de vin.

LE CÉLIBATAIRE.

Oui; mais si par malheur une année est mauvaise?

LE VILLAGEOIS.

J'en conviens avec vous, on est moins à son aise.
Peut-on toujours avoir une riche moisson?
On vit tout doucement dans la morte saison
De ce qu'on a tâché d'épargner dans la bonne;
L'on ne mange pas tout; puis au fond de la tonne

On garde un coup de vin, pour la soif à venir :
L'aspect de mes vieux jours ne me fait point frémir ;
J'ai mis tout mon espoir dans le Dieu que j'adore.

LE CÉLIBATAIRE.

Et ces Cieux embrâsés, dont l'ardeur vous dévore,
Ne les craignez-vous pas?

LE VILLAGEOIS.

Hélas! si vous saviez ;
Quand des sables ardens vous ont brûlé les pieds ;
Quand le dos tout courbé sur des roches brûlantes
A chaque instant frappé de vapeurs suffoquantes,
On s'est vu tout le jour au soleil exposé ;
Que trempé de sueurs, haletant, oppressé,
Pour calmer au midi sa tête sous l'ombrage,
En vain l'on a cherché quelque léger feuillage ;
Qu'on n'a pu découvrir un seul petit ruisseau ;
Ah! quel plaisir alors, quand une goutte d'eau
Vient humecter la langue épaisse et desséchée !
Que l'on voit d'une eau vive une source cachée !
Oh! lorsqu'on a souffert ces cruelles chaleurs,
Quel plaisir de goûter le doux parfum des fleurs !
De respirer le frais aux bords d'une fontaine !
Au murmure des eaux qui coulent dans la plaine,
On ferme sa paupière ; on cherche à sommeiller,
En passant sous sa tête un bras pour oreiller.
Et quand la nuit brillante, en déployant ses voiles,
Nous offre un beau Ciel bleu, tout parsemé d'étoiles ;
Quand la lune se lève et roule dans les-airs ;
Que tout est pur, serein, calme dans l'univers ;
Qu'une douce fraîcheur pénètre jusqu'à l'ame ;

Après souper, on prend ses enfans et sa femme,
On va chanter sous l'orme avec tout le hameau,
Et toute la jeunesse, au son du chalumeau,
Danse sur des tapis de mousse et de verdure.

LE CÉLIBATAIRE.

Mais l'hiver, dans ces jours de neige et de froidure ?

LE VILLAGEOIS.

Ah, l'hiver! on balance, on croise ses deux bras,
On s'en bat sous l'aisselle ; et l'on vient à grands pas
Se dégourdir les mains dans les mains de sa femme.
On prend une bourrée, on l'allume, et la flamme
Qui pétille et qui jette une vive clarté,
Tout-à-coup dans les cœurs ranime la gaîté.
On entretient son feu de quelque bonne souche ;
De tout son appétit on soupe et l'on se couche ;
On va bien chaudement s'endormir là-dessus ;
Et puis du mauvais temps on ne se souvient plus.
Je pense, Citoyen, qu'il est bien du beau monde,
Chez qui tout les plaisirs, l'argent, l'or, tout abonde,
Qui ne vit pas, peut-être, aussi content que nous.

LE CÉLIBATAIRE.

Les impôts, tous les ans, comment les payez-vous ?

LE VILLAGEOIS.

Gaîment. N'en faut-il pas pour les frais de la guerre ?
Eh, qui me défendra dans ma pauvre chaumière ?
Voulez-vous qu'un barbare, en désolant mes champs,
Vienne un jour, à mes yeux, égorger mes enfans ?

LE CÉLIBATAIRE.

Bon père! bon époux! citoyen vertueux!
O Ciel! oui, tout est bien. Que cet homme est heureux!

F I N.

Fautes d'impression.

Page 49, treizième ligne ; échet, *lisez* échec.

Idem. Quatorzième ligne ; répondit-il, *lisez* répond-il ?

www.ingramcontent.com/pod-product-compliance
Lightning Source LLC
Chambersburg PA
CBHW060601100426
42744CB00008B/1266